AF369894

LA VIE

DE MONSIEUR LE DUC

DE

MONTAUSIER

PAIR DE FRANCE,

GOUVERNEUR DE MONSEIGNEUR,

LOUIS DAUPHIN,

AYEUL DU ROY

A PRESENT REGNANT,

Ecrite sur les Mémoires de Madame
la Duchesse d'Uzés sa fille.

Par N***

TOME SECOND.

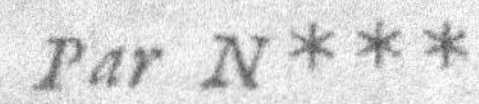

A PARIS,

Chez {

ROLLIN, Quay des Augustins, à la
descente du Pont S. Michel, au Lion d'or.
GENNEAU, ruë Saint Jacques, à
l'Image Saint Pierre.

M DCC XXIX.

Avec Approbation & Privilege du Roy.

LA VIE
DE M. LE DUC
DE
MONTAUSIER

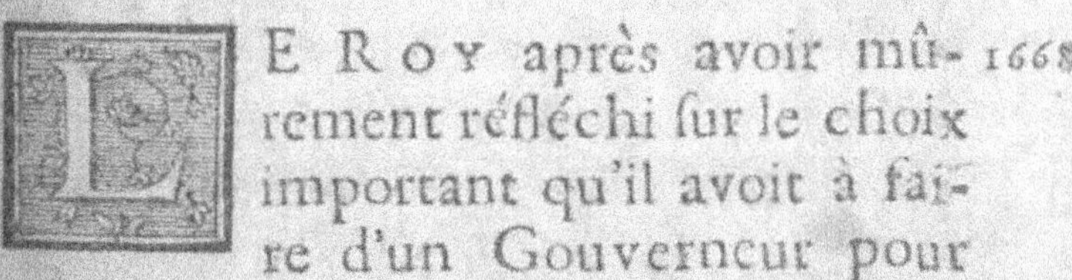

E Roy après avoir mû- 1668. rement réfléchi sur le choix important qu'il avoit à faire d'un Gouverneur pour Monseigneur le Dauphin ; après avoir balancé le mérite & les talens des diférentes personnes qui se présentoient à son esprit, ou qui lui étoient

Tome II.   A

recommandées , se fixa enfin sur le Duc de Montausier. Il n'ignoroit pas ce qu'en pensoient la plûpart des Courtisans ; mais leurs discours malins ne purent offusquer ses lumieres, ni diminuer en rien l'estime qu'il avoit conçûë d'un homme que l'experience lui avoit fait connoître pour un des plus fidelles , des plus zelez & des plus vertueux Seigneurs de sa Cour. Il l'envoya donc chercher , & l'ayant fait entrer secretement dans son cabinet , il lui dit : *qu'il le faisoit Gouverneur de son Fils , parce qu'il croyoit ne le pouvoir mettre en de meilleures mains.* Le Duc se jetta dans le moment aux pieds du Roy , le remercia avec un profond respect , & dit en lui embrassant les genoux , *qu'il ne s'arrêteroit pas à representer à Sa Majesté son peu de capacité pour remplir dignement l'emploi dont elle l'honoroit , puisqu'en le choisissant , elle avoit eu sans doute des raisons qu'il ne lui appartenoit pas de combattre ; mais qu'il l'as-*

18. Septembre.

suroit au moins qu'il étoit disposé à se rendre moins indigne de ses bontez, par un zele & une fidelité inébranlable, qu'au reste il supplioit Sa Majesté de songer que la bonne éducation de Monseigneur le Dauphin ne dépendoit pas uniquement des soins d'un Gouverneur, que les attentions de Sa Majesté seroient infiniment plus efficaces, & qu'il la conjuroit de ne les lui pas refuser. Soyez tranquille, reprit le Prince, je vous seconderai de façon que vous n'aurez sur cela rien à désirer. Ensuite il fit relever le Duc, & après s'être entretenu quelque tems avec lui des différents moyens dont il faudroit faire usage pour former la jeunesse du Dauphin; il le renvoya en lui défendant de découvrir à d'autres qu'à Madame de Montausier & à la Comtesse de Crussol, ce qui venoit de se passer. Le Roy pour quelques raisons, vouloit différer de quelques jours à déclarer son choix ; mais le secret qu'il en fit ayant renouvellé les sollicitations

& les intrigues des prétendans, il
s'en trouva tellement importuné que
pour s'en délivrer, il déclara plutôt
qu'il n'avoit résolu, que vainement
on briguoit une place qui n'étoit plus
à donner, & que celui en faveur de
qui il en avoit disposé, étoit le Duc
de Montausier.

Il ne restoit plus qu'à installer le
nouveau Gouverneur ; le Roy le
fit de la maniere la plus obligeante.
Le Duc étant venu par son ordre, Sa
Majesté le présenta à la Reine & à
Monseigneur, à qui il adressa ces paroles bien dignes de cet incomparable Monarque, & bien glorieuses pour
le Duc de Montausier : *Voila mon Fils*
un homme que j'ai choisi pour avoir soin
de votre education. Je n'ai pas cru pou-
voir rien faire de meilleur pour vous &
pour mon Royaume. Si vous suivez ses
instructions & ses exemples, vous serez
tel que je vous desire ; si vous n'en pro-
fitez pas, vous serez moins excusable que
la plûpart des Princes dont on neglige

ordinairement les premiéres années ; &
moi je serai quitte envers tout le monde,
le choix que j'ai fait me mettant à couvert de tout reproche. M. de Montausier également touché des bontez de
son Roy, & de la présence du jeune
Prince qu'il lui confioit d'une maniere si honorable, mit un genou en
terre & dit au Dauphin en lui baisant
tendrement la main : *Recevez, Mon-*
seigneur cette marque de soumission &
de respect d'un homme, qui pendant
quelques années ne vous en donnera pas
de pareilles, mais qui en devenant en
quelque sorte votre Maître, n'oubliera
jamais que vous devez être un jour le
sien, & qui sera toujours prêt à sacri-
fier son repos, ses interêts, & sa vie
pour votre utilité.

Le Roy ne s'étoit pas trompé en
comptant sur l'aprobation publique.
Aussi-tôt que la nomination de M.
de Montausier fut connuë à Paris
& dans les Provinces, tous les peuples en témoignérent une joye ex-

traordinaire. On ne doutoit pas que
l'héritier, de la Couronne ne devint
digne de la porter, sous la discipline
d'un Gouverneur si capable de lui
inspirer des sentimens conformes à sa
haute destinée. On s'attendoit à voir
dans le Dauphin une vive image de
Louis le Grand , parce qu'on étoit
persuadé que pour former le Fils, le
Duc ne manqueroit pas de présenter
sans cesse à ses yeux les héroïques
vertus du Pere. On s'imaginoit déja
voir sur le Trône un Roy juste, humain , généreux & éclairé , parce que
l'équité , la bonté , la grandeur d'a-
me & les lumieres du Gouverneur ne
promettoient rien de moins. Enfin
dans la crainte de perdre un jour le
plus grand & le meilleur des Rois,
on se consoloit par l'espérance cer-
taine où l'on étoit , que les leçons &
les exemples du Duc de Montausier
mettroient le Dauphin en état de remplir parfaitement une place qui de-
viendroit vuide toujours trop tôt. Ces

fentimens étoient communs à quicon-
que n'étoit animé que du zele du
bien public. Il n'y avoit que les ri-
vaux du Duc & les ennemis de la
vertu qui fussent mécontens de la
confiance dont le Roy l'honoroit ;
mais tout ce que la malignité des uns,
& la jalousie des autres purent inventer
pour ternir l'éclat de son mérite, ne
servit qu'à confirmer le Roy de plus
en plus dans le choix qu'il venoit de
faire. Il déclara au Duc que son intention étoit, que le Dauphin fust ac-
coutumé de bonne heure au travail,
& non pas à l'oisiveté & à la molef-
fe ; que la peine qu'il ressentoit d'a-
voir été trop ménagé dans son enfance, le rendroit moins indulgent
pour celle de son Fils ; qu'il souhai-
toit qu'on le fît non-seulement honnête homme , mais encore sçavant
s'il étoit possible, & que pour y réuf-
fir, il permettoit qu'on employât les
réprimandes, les reproches , les pu-
nitions mêmes au besoin ; qu'au reste

il entendoit que le Gouverneur eût
une pleine autorité sur les études,
les exercices, les divertissemens, les
compagnies & le choix des personnes qui approcheroient du Prince ;
que tous les autres Officiers de sa
Maison fussent subordonnez au Gouverneur, & que rien ne se fît en ce
qui concerneroit l'éducation de Monseigneur le Dauphin, que par ses ordres ou de concert avec lui.

Revêtu de tous ces pouvoirs, le
Duc de Montausier prêta serment
pour les Charges de Gouverneur de
Monseigneur le Dauphin, de premier
Gentilhomme de la Chambre, & de
Grand-Maître de la Garderobe, &
se disposa à commencer les fonctions
de son principal emploi. Le Président
de Périgny étoit Precepteur du jeune Prince depuis un an ; M. Milet
fut nommé Sous-Gouverneur, &
Joyeux premier Valet de Chambre.
On nomma aussi trois jeunes enfans
d'une naissance distinguée, pour être
habituellement

habituellement auprès de Monseigneur *, étudier avec lui, & exciter dans son cœur cette émulation sans laquelle il est rare qu'on fasse de grands efforts.

Ces premiers réglemens étant faits, le Duc entra en exercice, & eut la consolation de voir bien-tôt, qu'il n'auroit pas souvent occasion de faire usage de toute l'autorité que le Roy lui avoit mise en main. Monseigneur le Dauphin étoit né avec les plus belles inclinations. Il étoit doux, affable, libéral, docile aux bons avis & aux instructions qu'on lui faisoit, il avoit l'esprit vif, la mémoire heureuse, le cœur bon & sensible aux miseres qui venoient à sa connoissance; ces qualitez de l'ame étoient accompagnées de toutes les graces du corps; en un mot on voyoit dèslors en sa personne les naissances de toutes ces ver-

* De ce nombre étoit le jeune Comte de Sainte Maure, pere de M. le Comte de Sainte Maure, aujourd'hui premier Ecuyer du Roy.

tus, qui le rendirent dans la fuite les
délices de la France, & qui, lorfque
la mort acharnée fur la famille Royale, vint l'enlever à l'efpoir des Peuples, leur cauférent une douleur, dont
ils n'ont pu fe confoler, qu'en retrou-
vant dans le petit-Fils tout ce qu'ils
avoient perdu dans fon Augufte
Ayeul. Tant de bonnes qualitez n'é-
toient peut-être pas fans quelques
défauts ; mais s'il y en avoit, c'étoit
uniquement de ceux qu'entraîne né-
ceffairement après foi la tendreffe de
l'âge & l'indulgence avec laquelle
les enfans des Rois font élevez dans
leurs premieres années. L'inconvé-
nient ordinaire de l'éducation que
donnent les femmes, laiffe au moins
dans les enfans je ne fçai qu'elle mo-
leffe qui leur fait haïr la peine , &
une habitude de vouloir en tout fa-
tisfaire leurs inclinations & leurs défirs, contractée par la facilité de leurs
Gouvernantes à leur laiffer faire à
peu près tout ce qu'ils vouloient,

C'est aussi là que se réduisoit tout ce que le Duc de Montausier trouva à réformer dans Monseigneur le Dauphin ; la docilité du jeune Prince lui en facilita le succès. En très-peu de tems il vint à bout de fixer la légereté de l'enfance, & de dompter une humeur dont les vivacitez n'avoient été que foiblement réprimées. L'espace de six semaines que le Roy alla passer à Chambord, suffit pour opérer un changement que toute la Cour regarda comme merveilleux, & qui fit un grand honneur à celui qui en étoit la principale cause.

Du caractere dont étoit le Duc de Montausier, on n'a pas de peine à s'imaginer avec quel zéle & quelle application il s'acquitta de son nouvel emploi. Dès le moment que le Roy l'en eut chargé, il se regarda comme un homme qui n'étoit plus à lui-même, ni à sa famille, & à qui il n'étoit plus permis d'avoir d'autres vûës, que celles qui pou-

voient tendre à l'utilité de son disciple. Il crut avec raison que tout le
Royaume alloit avoir les yeux ouverts
sur lui ; & que la moindre négligen-
ce le rendroit coupable devant les
Peuples, qui lui demanderoient compte des vices ou des vertus d'un Prince né pour faire un jour ou leur
malheur ou leur félicité. L'idée su-
blime qu'il s'étoit formée de son emploi, & la multitude des devoirs qu'il
y voyoit attachez, ne firent qu'exciter son courage ; il quitta tout pour
les remplir dans toute leur étenduë,
& mit en œuvre tout ce qu'il avoit
d'expérience & d'industrie pour y
réussir.

Le plan qu'il se traça rouloit sur
deux principes, qui malgré leur simplicité contiennent tout ce que demande l'éducation des enfans, sur-
tout de ceux que leur naissance met
au-dessus des autres hommes. Il faut
éclairer leur esprit par des connoissances utiles & agréables ; il faut en-

core plus former leur cœur, soit en y
faisant naître, soit en y entretenant
des sentimens de Religion, d'honneur
& de probité. M. de Montausier ne
perdit jamais ces deux points de vûë;
& l'on ne sçauroit dire à quels assu-
jettissemens il se captiva pour arriver
au but qu'il s'étoit proposé. Toujours
occupé du désir d'y atteindre, c'é-
toit là l'unique objet de ses réflexions,
persuadé que les maximes générales
sont d'un foible secours pour se pré-
server des vices, si on ne prend soin
de les appliquer dans les occasions, à
mesure qu'elles se présentent. Il fut
inséparable de Monseigneur le Dauphin, & le suivoit en tous ses mouve-
mens pour étudier son caractere &
connoître ses inclinations ; il cou-
choit dans la chambre du Prince, &
c'est un devoir dont il ne se dispensa
jamais que pour les raisons les plus
fortes ; il assistoit à son lever & à ses
priéres, il le suivoit à la Messe ; pendant l'étude il redevenoit écolier avec

son difciple; il ne le quittoit pas plus
dans les tems deftinez au divertiffe-
ment & au jeu, parce qu'il n'ignoroit pas que c'eft alors que les enfans moins retenus montrent ordinairement ce qu'ils font. La maniere
dont ils prennent le plaifir, les fentimens qu'excite en eux le gain ou la
perte, les réflexions & les difcours
que l'un ou l'autre fait naître, dé-
celent leur ame fans qu'ils y penfent,
& inftruifent parfaitement un homme attentif de ce qu'il doit cultiver
ou retrancher dans fon éleve. Avec
cette vigilance, le fage Gouverneur
vit tout ce qu'il y avoit de bon dans
le jeune Prince, peu de défauts, &
des difpofitions admirables pour la
vertu. Un fond fi riche ranima fon
zele, & il ne négligea rien pour en
tirer tout ce qu'il promettoit.

Il goutoit déja le fruit de fes travaux, Monfeigneur le Dauphin faifoit
des progrez fenfibles, le Roy les
voyoit avec fatisfaction, & les Cour-

tifans étoient forcez d'applaudir comme lui au fuccez de M. de Montaufier, lorfque Madame fon époufe
reſſentit les premieres atteintes de la
maladie qui la mit au tombeau.
C'étoit un mal extraordinaire, qui en
diminuant peu à peu les forces du
corps, alla jufqu'à affoiblir confidé-
rablement celles de l'efprit. Le trifte
état où la Ducheffe fut réduite, pé-
nétra le Duc de la plus vive douleur ; il l'aimoit tendrement, & le
danger où il la voyoit, redoubloit encore fa tendreffe ; fes premieres incommoditez n'auroient cependant
pas dû effrayer M. de Montaufier, fi
un fecret preffentiment ne l'eût averti du malheur qui le menaçoit. Madame de Montaufier furmonta fon
mal pendant quelque tems, mais
enfin il augmenta de telle forte qu'il
ne lui fut plus poffible d'y réfifter, ni
de le déguifer. Le Roy ayant jugé à
propos que Monfeigneur le Dauphin
le fuivît en Flandre, la Ducheffe

n'y put accompagner Monsieur de Montausier, & après le voyage la Comtesse de Crussol qui étoit demeurée auprès de sa mere, ne la crut pas en état de paroître davantage à la Cour. Le Duc surpris de ne les y pas trouver à son retour de Flandre, vint promptement à Paris pour en sçavoir la cause. Alors on fut obligé de lui parler sans réserve & de lever le voile qui lui cachoit toute la grandeur du péril où se trouvoit son épouse. Il en fut consterné & dans l'affliction extrême qu'il en conçut, il n'auroit pas balancé à rompre les liens qui l'attachoient à Monseigneur le Dauphin, pour demeurer incessamment attaché au lit de la malade; mais il crut que Dieu demandoit de lui qu'il sacrifiât tout aux devoirs d'une charge à laquelle il avoit été appellé, plus pour le bonheur des autres que pour lui-même. D'ailleurs la Comtesse de Crussol lui promit de ne point quitter sa mere, & il connois-

soit trop le bon cœur de sa fille pour
ne pas se reposer sur ses soins ; il
retourna donc à la Cour , & seulement une fois par semaine, il venoit
voir par lui-même l'état de la malade , dont la Comtesse de Cruffol lui
mandoit exactement des nouvelles
tous les autres jours. La maladie se
tourna en langueur, & dans le cours de
près de deux années , elle causa à la
Duchesse de fréquentes défaillances ,
qui chaque fois faisoient trembler
pour sa vie. M. de Montaufier toujours instruit ou témoin de ces espe-
ces d'agonies & de ces viciffitudes
de mieux & de pire, étoit sans cesse
entre l'esperance & la crainte. Il est
plus facile de sentir que d'exprimer
combien cette situation est doulou-
reuse ; il y auroit sans doute succom-
bé , si sa foi & sa religion ne l'euffent
soutenu ; mais il trouva toujours dans
ces sources les forces néceffaires, pour
supporter en héros Chrétien le poids
de son affliction. Elle ne put ralen-

tir le zéle dont il étoit en quelque
forte dévoré pour l'avancement de
fon augufte Eleve , & il en donna
vers ce tems-là une preuve bien fi-
gnalée.

1670.   Le Préfident de Perigny, précep-
teur de Monfeigneur le Dauphin,
étant mort, le Roy fut embaraffé fur le
choix d'un fujet pour remplir cette place. L'efprit de difcernement que Sa
Majefté connoiffoit en M. de Montaufier, & l'envie de nelui affocier perfonne qui ne lui fût agréable, l'engagea
à le confulter, ou plutôt à le laiffer
maître du choix. Le Duc fans héfi-
ter propofa au Roy M. Boffuet , alors
Evêque de Condom , & fi connu depuis fous le nom de M. de Meaux.
Ce ne fut point l'amitié feule qui
porta M. de Montaufier à lui donner
fon fuffrage. Il avoit en ce tems - là
des amis plus intimes que M. Boffuet , qui avec tout autre que cet il-
luftre Prélat , auroient pû entrer en
concurrence pour l'emploi de Pré-

cepteur du jeune Prince ; mais quelqu'idée qu'il eût de leur capacité, celle de l'Evêque de Condom lui parut
fort supérieure, & il donna sa voix,
au plus digne. Le Roy connoissoit
tout le mérite de M. Bossuet ; il l'a-
voit entendu souvent prêcher les véritez Evangeliques avec cette vive
éloquence & cette solidité de raison-
nement, qui triomphoit des entête-
mens de l'esprit & de la perversité du
cœur ; il sçavoit le courage avec lequel
ce zélé défenseur de la vérité étoit
déja entré en lice avec les heréti-
ques, les fruits dont le Ciel avoit
couronné ses premiers travaux, les
illustres dépoüilles qu'il avoit rem- Le Ma-
portées sur l'erreur, enfin la réputa- réchal
tion qu'il s'étoit acquise par sa scien- de Tu-
ce, son zéle, & ses succez, d'être une renne,
des plus fermes colomnes de la Re- Made-
ligion, le fleau de l'héresie, l'honneur le de
de l'Episcopat en France & une des Duras,
plus brillantes lumieres de l'Eglise. &c.
Malgré des connoissances si favora-

bles au Prélat , le Roy parut incertain s'il fuivroit le confeil de M. de
Montaufier : *Avez vous réfléchi,* lui dit-
il quelques jours après , *fur ce que
vous m'avez propofé ? Avez vous fongé
qu'un Evêque pourra ne vous pas ac-
commoder.* Sire , répondit le Duc , *je
ne cherche pas celui qui me conviendra
le mieux , mais celui qui eft le plus homme de bien , le plus habile & le plus
propre à l'emploi auquel vous le deftinés.
Si M. de Condom eft tel , nous vivrons
bien enfemble. Je n'ai garde de jamais
rien exiger d'un Evêque , qui puiffe déro-
ger au caractere facré & à la dignité
refpectable dont il eft revêtu.* Une ré-
ponfe fi défintereffée détermina le
Roy , & M. Boffuet fut nommé Pré-
cepteur du Dauphin ; cependant M.
de Montaufier ne crut pas avoir encore affez fait pour le jeune Prince , s'il
ne mettoit auprès de lui un homme
auffi verfé dans la belle litterature
que M. de Condom l'étoit dans la
fcience de la Religion. Ce n'eft pas

que ce grand homme en donnant
sa principale étude à la Théologie &
à la prédication, eût négligé les lettres humaines ; il en connoissoit cer-
tainement toutes les beautez , & il
avoit sçu en orner son esprit ; mais
enfin il n'en avoit pas fait son capi-
tal , & il étoit juste que pour instruire le Dauphin dans les belles lettres
comme dans sa Religion , on lui don-
nât les deux plus excellens hommes
que la France eût alors en ces deux
genres.

Le Roy ne pouvoit que se loüer
du choix qu'il avoit fait du premier
par le conseil du Duc de Montausier;
il s'en raporta encore à lui pour le
second , & il n'eut pas plus de sujet
de se repentir de sa confiance. Le
Duc proposa à Sa Majesté , le célébre M. Huet , depuis Evêque de
Soissons & ensuite d'Avranches. Il
l'avoit vû plusieurs fois chez Madame de Ramboüilllet , & en faisant la
visite de la Normandie il avoit eu

occafion de l'entretenir familierement
& de le connoître à fonds. Il avoit
admiré en lui , outre une profonde
érudition, un goût fingulier pour les
langues fçavantes , dont il poffédoit
tellement toutes les délicateffes, que
fes ouvrages de Profe ou de Poëfie
latine en particulier , au jugement des
plus habiles connoiffeurs, n'auroient
pas été indignes du fiécle d'Augufte.
Le Duc jugea qu'avec ce talent M.
Huet pouvoit beaucoup contribuer à
perfectionner le jeune Prince , en lui
découvrant ce qu'il y a de plus ex-
quis dans les Auteurs profanes pour
orner fon efprit , tandis que M. Boffuet pour lui former le cœur , feroit
fpecialement occupé à lui montrer
de la maniere la plus folide , l'origine
toute divine de notre Religion , fes
progrez rapides , malgré les efforts
de l'enfer conjuré pour fa ruine , cette
protection vifible du Ciel qui l'a ren-
duë inébranlable au milieu des plus
violentes fecouffes , & qui l'a établie

triomphamment sur les débris des plus puissantes Monarchies. M. de Montausier flatté de ce projet en hâta l'exécution : Le Roy agréa M. Huet, & sans perdre de tems, le Duc lui fit sçavoir les intentions de Sa Majesté. L'Evêque de Condom connoissoit la capacité de M. Huet, & il fut charmé de l'avoir pour second ; l'amitié jointe à l'estime les unissoit depuis plusieurs années, & cette liaison étoit commune à l'un & à l'autre avec le Duc de Montausier. De cette sorte le Gouverneur & les Précepteurs agirent de concert pour le bien du jeune Prince confié à leurs soins, & il est aisé de comprendre quels fruits il retira des sçavantes instructions de trois Maîtres de ce caractere. Sans rien diminuer de l'honneur que fit aux deux Collégues l'éducation de Monseigneur le Dauphin, je ne craindrai point d'avancer que la principale gloire en est dûe au Gouverneur, puisqu'il est certain que pen-

dant tout le tems que le Prince fut
fous leur difcipline , ils n'entreprirent
quoique ce foit pour fon avancement,
qui ne leur eût été fuggeré par le
Duc de Montaufier. Ce fut par fes
confeils que M. Boffuet compofa cet
admirable difcours , dans lequel il
met devant les yeux de fon Eleve,
comme fous un feul point de vûë,
ou comme dans un feul Tableau,
l'hiftoire de tous les tems & de toutes les Nations du monde , moins
pour lui apprendre la fuite des fiécles , la durée des Empires , & les
étonnantes révolutions qui les ont
renverfez les uns après les autres,
que pour lui faire fentir la conduite
de la Providence qui a fçu tourner
toutes ces révolutions mêmes à la
gloire de fon nom , & à l'établiffe-
ment du culte par lequel il veut être
honoré. Ouvrage inimitable en toutes fes parties , & où il eft difficile
de dire ce qu'il y a de plus digne d'admiration , ou la hardieffe du deffein,

sein ; ou l'ordonnance des figures innombrables dont il est composé ; ou l'expression vive & naturelle qui les anime, ou le beau tout qu'elles forment ensemble malgré leur immense diversité, en se réunissant toutes au même centre, qui est la Religion sainte que nous professons.

Ce fut encore par ses conseils, & sur un dessein de son invention que se firent les fameux Commentaires *à la Dauphine*. Le Duc en parcourant les anciens Auteurs, dont les écrits avoient toujours fait ses délices, s'étoit souvent trouvé arrêté, ou par certains tours inusitez, ou par des termes extraordinaires, ou par des obscuritez impénétrables à la plupart des Lecteurs. En vain pour s'éclaircir avoit-il eu recours aux premiers Commentateurs ; Qu'y trouvoit-il ? Un grand étalage d'une érudition mal placée ; de longues explications des endroits les plus intelligibles ; des citations fastueuses d'Auteurs Grecs & Latins,

de sçavantes observations sur des choses souvent indifférentes, quelquefois
méprisables, & peu dignes des recher-
ches d'un Sçavant ; de belles disserta-
tions pour justifier l'injure faite à un
mot chassé de sa place, pour y en sub-
stituer un autre, qui ne vaut pas mieux,
& qui vaut peut-être moins ; & au milieu de tout cela, nulle lumiere ré-
panduë sur les endroits obscurs, où
l'on est tenté de croire que le Com-
mentateur ne voyoit pas plus clair
que ceux qui le consultent. Pour re-
médier à ce mal, M. de Montausier
imagina un projet de Commentaire
beaucoup plus parfait & plus utile.
Il vouloit que quand le texte d'un
Auteur est obscur par le caractére
même du stile, & par le tour de
la phrase, on mît au-dessus une ex-
position du texte même, dans un tour
plus aisé, & d'une construction plus
nette ; si cette obscurité vient d'un
terme singulier, ou d'un mot sous-en-
tendu, qu'on expliquât ce terme sin-

gulier par un terme plus commun,
& qu'on rétablît à la marge le mot
que l'Auteur n'a pas crû neceſſaire
pour ſe faire entendre ; qu'enfin ſi la
difficulté vient de certains faits hiſ-
toriques ſuppoſez par l'Ecrivain ou
de certaines Loix, maniéres, ou coutumes que le commun des Lecteurs a
droit d'ignorer, qu'on rapportât ces
points d'Hiſtoire ou de la Fable, qu'on
dévelopât ces Loix, ces coutumes, &
ces manieres anciennes dans des no-
tes courtes, ſimples, claires & déga-
gées de toute érudition ſuperfluë.
Mais comme le plus grand fruit qu'on
doit ſe propoſer de recüeillir en liſant
les Auteurs, eſt de bien prendre leur
goût, & de ſe familiariſer en quelque
ſorte avec la langue dans laquelle ils
ont écrit, en remarquant leurs tours,
leurs expreſſions, & l'emploi qu'ils
ont fait des mots ; le Duc ſouhaitoit
encore qu'à la fin de chaque Auteur
on ajoûtât une table de tous les termes dont il s'eſt ſervi dans ſon ou-

vrage, & que ces termes se trouvas-
sent répétez dans la table autant de
fois que l'Auteur en a sçû faire de différens usages, soit pour en faire mieux
connoître les diverses significations,
soit pour apprendre la varieté des
constructions où le même mot peut
se rencontrer. M. de Montausier com-
muniqua son dessein à M. Huet,
& le chargea de présider à l'exécution; celui-ci accepta la commission,
& les libéralitez d'un Roi magnifique
jointes à la gloire de contribuer à
l'éducation du Dauphin étoient des
attraits trop puissants, pour ne pas
exciter à un si beau travail tout ce
qu'il y avoit de Sçavans dans l'Europe. Mais avant que le Gouverneur
pût voir le succès de son invention
& de leurs veilles, il eut à essuyer
les plus rudes coups dont un cœur
sensible comme le sien puisse être
frappé.

1671.   La maladie de Madame de Montausier, après plus de deux années de

langueur & de défaillances presque continuelles, l'avoit enfin tellement épuisée de forces, que l'on vit approcher de bien près le moment qui termineroit sa belle vie. Le danger prochain de perdre ce qu'il avoit de plus cher au monde, fit frémir le Duc de Montausier; il quitta la Cour pour quelque tems, & accourut auprès de la malade, résolu de ne s'en plus éloigner qu'il n'eût recüeilli ses derniers soupirs. En effet, il se tint constamment attaché auprès de son lit, moins encore pour lui procurer tous les soulagemens dont il étoit capable, que pour nourrir sa piété & entretenir sa foi par des discours ou des lectures édifiantes. La Duchesse dont la patience ne se démentit jamais au milieu de ses souffrances, n'écoutoit personne plus volontiers que son époux lui parler de Dieu & de l'éternité, parce que personne ne lui en parloit mieux que lui; mais ces entretiens qui consoloient la malade, re-

nouvelloient les allarmes du Duc, &
le mettoient souvent dans un état qui
le rendoit aussi digne de compassion
que la malade même. Il faisoit réflexion
qu'il préparoit à la mort une personne dont il eut de bon cœur racheté
la vie au prix de la sienne ; cette pensée l'attendrissoit de telle sorte qu'il
étoit obligé de se faire violence pour
retenir ses larmes, & cette contrainte
lui ôtoit quelquefois la respiration &
le sentiment.

Si cependant quelque chose est
capable d'adoucir l'amertume qu'il est
si naturel de ressentir quand on voit
une personne cherie prête à nous
quitter pour jamais, c'est une assurance bien fondée, qu'en nous quittant
elle va entrer en possession d'une éternelle felicité. Une assurance si con-
solante pour un Chrétien ne manquoit pas à Monsieur de Montausier ;
son illustre épouse n'étoit pas moins
distinguée par ses vertus, que par les
agrémens du corps, & les talens de

l'esprit ; sa' pieté toujours égale fut
pour elle un antidote invincible contre le poison flateur des passions, &
l'air contagieux de la Cour & du
grand monde ; dans la rude épreuve
où le Seigneur la voulut mettre, sa
vertu devint encore plus pure, & la
rendit enfin mûre pour le Ciel. Dieu
content de sa patience inaltérable,
l'appella pour lui en donner la ré-
compense, & pour lui mettre sur la
tête une couronne bien plus précieu-
se que la fameuse guirlande dont elle
avoit été couronnée pendant sa vie.

Elle mourut le quinziéme de Novembre 1671. âgée de soixante-quatre
ans, quittant le monde sans regret,
& laissant sa famille dans la plus ac-
cablante affliction. En effet, le Duc
fut frappé de cette mort comme s'il
ne s'y fût pas attendu. Dès que la Duchesse eut expiré, il fut presque impossible de le détacher de ce douloureux objet, pour lui faire prendre
un peu de repos. Bien-tôt il se dé-

roba à la vigilance de ceux qui l'a-
voient, pour ainsi dire, forcé de s'en
séparer pour quelque tems; il alla
malgré eux jetter de l'eau-benite sur
le corps de la défunte; & cette cérémonie ayant renouvellé sa douleur, il
se jetta à genoux, les bras & la tête
appuyez contre le cercüeil, & resta
plus de deux heures dans cette tou-
chante situation. Le triste appareil
des obséques fit encore plus éclater
les sentimens de son cœur; plus d'une
fois il mêla des sanglots au chant funebre des Prêtres, & lorsqu'on déposa
le corps de la Duchesse dans le lieu
destiné à sa sépulture, il eut besoin
que sa raison, ou plutôt celle des personnes qui l'accompagnoient, l'arrê-
tât & l'empêchât de suivre jusques
dans le tombeau cette chere partie
de lui-même. A ces premiers transports, succeda une tristesse plus mo-
derée en apparence; son courage &
sa résignation aux volontez du Ciel
le calmérent un peu; mais son silence,

ses

Aux
Cármé-
lites du
Faux-
bourg
S. Jac-
ques.

ses soupirs & les larmes qui lui échap-
poient , cette soumission même aux
ordres divins dont il s'armoit sans cesse
pour se consoler , ne laissoient pas
ignorer combien sa blessure étoit profonde. Il porta tout le reste de sa vie
le trait dont il fut percé en ce funeste
jour ; la Duchesse fut toujours présente
à son esprit , & pour s'en retracer incessamment la mémoire , ses domes-
tiques ne parurent plus qu'avec une
livrée triste & lugubre , foible indice
de la douleur toujours récente dont
leur maître étoit pénetré.

L'affliction de la fille égala celle du
pere : la Comtesse de Crussol donna
pendant sa maladie & à la mort de
la Duchesse les marques les plus éclatantes de sa tendresse & de sa pieté.
Renfermée dans la chambre de la
malade pendant deux années entieres,
elle renonça à tous les plaisirs que lui
promettoient sa jeunesse & son rang,
pour ne s'occuper qu'aux fonctions
les plus pénibles & les plus gênantes

de la charité; toujours attentive aux
besoins de sa mere souffrante, une
plainte, un soupir suffisoit pour la faire
voler à son secours, & employer pour
la soulager tout ce qu'elle avoit d'a-
dresse & de zele ; les infirmitez d'une
mére, & encore plus la patience
vraiment chrétienne avec laquelle
elle les supportoit, les allarmes d'un
pere & l'état violent où le réduisoit
sa douleur retenuë captive, déchi-
roient le cœur de la Comtesse : elle
ne s'abbatit point cependant tandis
que son courage fut necessaire pour
soutenir le leur ; & lorsqu'enfin le moment fatal à la Duchesse fut arrivé,
on vit son illustre fille également ani-
mée de sentimens de la nature & de
ceux qu'inspire la Religion, exprimer
ses regrets par les termes les plus sin-
ceres, & se prosterner au pied des
Autels, afin d'assurer autant qu'il étoit
en elle, par de ferventes priéres, le
bonheur de celle qu'elle avoit per-
duë. Digne fille d'une telle mere,

elle mérita que Dieu & la nature lui rendissent ce qu'elle avoit fait pour l'un & pour l'autre, & lui donnassent une postérité, qui non seulement soutint la gloire de sa naissance, mais qui eût encore pour elle ces sentimens tendres & respectueux qu'elle avoit conservez pour son incomparable mere, même au-delà du trépas.

Deux sœurs de la Duchesse de Montausier, dont l'une étoit Abbesse de saint Estienne de Reims, & l'autre Abbesse d'Hiére, lui rendirent des honneurs funébres conformes à la dignité de la personne qu'elles pleuroient, & à la vive douleur que leur causoit cette perte. L'Eglise d'Hiére fut choisie pour cette triste cérémonie ; & au milieu des saints mystéres l'éloge de l'illustre morte fut prononcé par cet Orateur fameux, que sa douce éloquence rendit un des plus beaux ornemens de son siecle, que son rare mérite éleva au rang sacré des premiers Pasteurs, & que le Ciel

M. le Duc d'Uzès.

1672. 2 Jan.

M. Flechier

avoit favorisé d'un talent admirable
pour louer les grands du monde dans
la chaire de verité, sans rien devoir
à la flatterie, & sans intéresser la sain-
teté de son ministére. Au moins dans
cette rencontre, il eut la consolation
d'être à couvert des plus legers soup-
çons, & il n'eut pas de peine à donner des preuves de *la sagesse*, *de la
modération*, & de *la patience* chrétienne que la Duchesse avoit constamment fait paroître dans les differens
états de sa vie. On prévenoit l'Orateur,
& en suivant l'ordre de son discours
on admiroit, sans surprise, *cette fem-
me forte, qui toujours fidele à sa Religion, avoit résisté aux foiblesses de son
sexe dès son enfance, à l'orgüeil, dans
sa plus grande élevation, & au milieu
des applaudissemens les plus flatteurs, enfin à la douleur dans le tems de son abbattement & de sa mort même.*

Le Roi, les Princes, les Seigneurs,
toute la Cour prit part à l'affliction
de la famille désolée ; & la célébre

Oraison
funebre
de Mad.
la Du-
chesse de
Mon-
tausier.

Julie fut regrettée auffi univerſelle-ment après ſa mort, qu'elle avoit été généralement eſtimée pendant ſa vie. Ces regrets publics ne ſervoient qu'à perpétuer ceux de M. de Montauſier, & à entretenir ſa douleur ; mais il la ſurmonta en Héros, & après avoir rendu à ſon épouſe les derniers de-voirs, il reprit l'exercice de ſon em-ploi, & travailla à l'éducation de Mon-ſeigneur le Dauphin, avec cette ſéré-nité & cette tranquillité d'eſprit que rien ne fut jamais capable d'altérer.

Tandis que l'Evêque de Condom & M. Huet s'employoient chacun ſelon ſon talent à former le jeune Prince, le Duc s'y livroit lui-même tout entier, comme s'il n'eût eû per-ſonne ſur qui ſe décharger d'une par-tie du fardeau. Il ne ſuffit pas à un Prince deſtiné au Gouvernement des peuples de ſçavoir ſa Religion, & d'avoir du goût pour les ouvrages de l'eſprit. Cette ſcience & ce goût tout eſtimables qu'ils ſont, doivent influer

fur fes mœurs, & les grands principes qu'on lui a fait puifer, ou dans
l'Hiftoire fainte, ou dans les Auteurs
profanes, s'ils ne paffent de la fpé-
culation à la pratique, feront un Prince éclairé, & non pas un bon Roi.
Dans cette idée, le Duc de Montaufier fuivoit toutes les actions du Dauphin, & chacune fourniffoit matiere à fes fages enfeignemens. Une parole bien ou mal dite, une action
loüable ou irréguliere, un emportement, un caprice, un épanchement
de joye, ou une faillie d'humeur &
de chagrin ; les prieres, les études,
les repas, les exercices du corps, les
récréations, les jeux, les promenades,
les compagnies, rien n'étoit négligé
par cet habile maître, & rien de ce
qu'il pouvoit y avoir de bien ou de
mal en tout cela n'échappoit à fa vigilance, & ne manquoit de recevoir
ou fes loüanges, ou fa cenfure ; ami
de la verité, & ennemi irréconcilia-
ble de la flatterie, il s'appliqua fur

tout à faire aimer l'une, & haïr l'autre au jeune Prince. Son exemple
donnoit de la force à ses instructions,
& pour faire passer ses sentimens sur
ce point, dans le cœur de son Eleve,
il ne laissoit échapper aucune occasion de signaler sa droiture & sa sin-
cérité.

La premiere fois que Monsieur le
Dauphin monta à cheval, étant sorti
du Parc de Versailles, il demanda ce que
c'étoit que des chaumines qui se présentoient à ses yeux ; on lui répondit
que c'étoient des maisons de Païsans,
& comme il témoignoit avoir peine
à le croire, M. de Montausier le fit
descendre de cheval, & l'ayant fait
entrer dans la premiere cabane qui se
rencontra : *Voyez,* dit-il, Monseigneur,
*c'est sous ce chaume, & dans cette misé-
rable retraite que logent le pere, la mere
& les enfans, qui travaillent sans cesse
pour payer l'or dont vos Palais sont ornez,
& qui meurent de faim pour subvenir
aux frais de votre table.*

D iiij

La pieté étant la premiere regle de la conduite du Gouverneur, il vouloit aussi qu'elle fût la base de toutes les vertus qu'il inspiroit au Dauphin, & il eut toujours le courage de lui en faire pratiquer les devoirs avec toute l'exactitude que pouvoit comporter son âge & son tempéramment. Les Medecins du Prince plus attachez aux maximes de leur art qu'aux Loix de la Religion & de l'Eglise, décidérent qu'il devoit être dispensé du Carême pendant sa jeunesse ; mais le Gouverneur s'opposa à l'ordonnance, & dit que le Dauphin étoit d'un âge assez avancé, & d'une santé assez forte pour observer l'abstinence prescrite. En vain pour le gagner on allégua la qualité d'héritier présomptif de la Couronne ; le Duc inébranlable sur son principe, répliqua que les enfans des Rois, & les Rois mêmes étoient assujettis aux Loix de l'Eglise, & qu'ils devoient y être encore plus soumis que les autres, par l'obli-

gation que leur impofe leur rang de
donner l'exemple aux peuples. Pour
terminer le différent, on propofa de
s'en rapporter au jugement d'un Prélat; *Je le veux bien*, répondit le Gouverneur; *mais s'il décide contre moi, on
ne trouvera pas mauvais que je m'en
tienne à la parole de J. C. qui dit que fi
un aveugle méne un autre aveugle, ils
tomberont tous deux dans le précipice.*
On crut l'ébranler en lui remontrant
que fi le Prince tomboit malade, on
ne manqueroit pas de s'en prendre
à lui ; mais il repréfenta à fon tour
qu'on auroit tort de le faire refponfa-
ble des accidens qu'il ne lui étoit pas
poffible de prévoir, & qu'une crainte
fondée fur un avenir incertain ne
l'engageroit jamais à parler contre la
juftice & contre fa confcience ; il fallut plier enfin & abandonner l'affaire
à la difcrétion du zelé Gouverneur,
& l'on n'eut pas fujet de s'en répen-
tir. Le Dauphin fous fa conduite fut
élevé fans délicateffe ; il alloit fouvent

à la chaffe, fans avoir trop égard ni
au froid ni au chaud, il étoit occupé
les journées prefqu'entiéres à des
exercices qui fe fuccédoient les uns
aux autres; fes répas étoient fobres,
les divertiffemens ordinaires étoient
courts, & ne tardoient pas à être rem-
placez par le travail; il obfervoit toutes les abftinences de l'Eglife, & tout
cela ne fervit qu'à confirmer fa santé,
& à le rendre plus robufte à quinze
ans, qu'on ne l'eft communément à
vingt-cinq. Il ne tomba que deux
fois malade pendant tout le tems qu'il
fut entre les mains de M. de Montaufier, & le Duc lui-même que fon
zéle pour le bien de fon difciple avoit
rendu plus éclairé que perfonne fur
le temperamment du Dauphin, contribua auffi plus que les Medecins de
profeffion au prompt rétabliffement
d'une fanté fi précieufe. Quelques
gens trompez ou mal intentionnez
voulurent profiter de ces petites ma-
ladies pour décrier le Gouverneur

dans l'eſprit du Roi ; la Reine préve-
nuë par la tendreſſe maternelle, ſe laiſſa
aiſément perſuader, & prêta l'oreille
aux diſcours de ceux qui pour la flatter
attribuoient les incommoditez du jeune Prince, tantôt à une étude outrée,
tantôt à des exercices trop violents,
toujours à la ſévérité exceſſive dont ils
prétendoient que le Duc de Montauſier uſoit envers ſon éleve.

Le Roy étoit pere, mais l'amour
paternel ne l'aveugla jamais ; il mé-
priſa ces plaintes frivoles, & pour en
arrêter le cours il dit une parole bien
digne de ſa grandeur d'ame & de ſa
pieté : *Je n'ai qu'un fils ; mais j'aime-*
rois mieux qu'il mourût, que s'il n'étoit
pas honnête homme, & qu'il devînt par-
là nuiſible à ſes peuples. Une décla-
ration ſi marquée des ſentimens du
Monarque, ſuſpendit pour quelque-
tems les coups que l'on vouloit porter au Gouverneur ; mais l'envie laſ-
ſée de la contrainte où on l'avoit mi-
ſe, ne cherchoit qu'une occaſion

pour faire éclater sa voix , & atta-
quer avec plus d'avantage celui qu'elle vouloit perdre. Monsieur de Montausier donna des armes à ses ennemis sans y penser , en présentant au
Dauphin un recüeil de quelques-unes
des Maximes qu'il avoit tâché de lui
inspirer , & qu'il fut bien-aise de lui
laisser par écrit , afin qu'il eût la facilité de s'en servir comme d'un mi-
roir fidele ou il pût appercevoir ses
défauts ou ses vertus.

On ne sçauroit parcourir ces Maximes sans admirer la vertu , la sagesse , & le zéle de leur Auteur. Toutes vont à former un Roy selon le
cœur de Dieu , pieux , humain , li-
beral , généreux , équitable , prudent
& modéré dans le conseil ; ferme &
constant dans l'exécution ; un Roy
enfin qui ne connoissant point d'autre politique que celle qui est ap-
puyée sur la Religion , mette tout son
bonheur à faire celui de ses sujets.
Cette instruction est divisée en 3.

parties. La premiere traite des devoirs d'un Prince à l'égard de Dieu;
La seconde comprend ses obliga-
tions à l'égard de ses sujets, & la troisiéme prescrit les regles de sa conduite à l'égard des Princes & des Etats
voisins. Les réflexions qui font tout
le corps de l'ouvrage sont simples,
courtes, & naturelles; un grand sens,
un fonds de raison admirable, une
longue expérience dont on voit qu'elles sont le fruit, un désir sincére d'ê-
tre utile aux peuples en instruisant celui qui doit les gouverner, en font
tout l'éloge & tout le prix. Sans faire
le Prédicateur ou le Prophéte, le Duc
ne touche ce qui regarde la Religion
& la conscience que par rapport à la
politique; *Un Prince qui a des Chré-*
tiens pour sujets, doit, dit-il, par cet-
te seule raison vivre chrétiennement.
Quand la pieté ne devroit pas par elle-
même tenir le premier rang, il ne seroit
pas moins obligé par interêt d'en faire
profession; tant il est impossible de gou-

verner sagement & heureusement sans
elle.

De ce principe une fois établi,
suivent naturellement tous les devoirs
d'un Souverain à l'égard de Dieu.
» Ce Maître suprême exige les hom-
» mages & la soumission des Rois de
» la terre, comme ils ont droit eux-
» mêmes , d'éxiger des peuples l'o-
» béïssance & le respect. Comment
» un Prince trouve-t'il mauvais qu'on
» ose violer ses ordres , tandis qu'il ose
» lui-même violer les Loix de son
» Dieu ? Qu'il sçache que s'il est au-
» dessus des Loix par l'élévation de
» son rang , il doit y être soumis par
» pieté & par raison ; que les Loix
» divines assujettissent également le
» berger dans sa cabane , & le Mo-
» narque sur le trône ; que quant aux
» Loix humaines, si elles sont mau-
» vaises, il ne doit pas forcer ses su-
» jets à les observer , & que si elles
» sont bonnes, il doit s'y conformer
» le premier ; qu'il doit employer

» l'autorité qu'il a fur elles à les cor-
» riger & à les redreffer, mais non
» pas à les enfraindre. Qu'il n'oublie
» jamais que fon indépendance ne
» l'exempte pas de rendre compte
» un jour de fon adminiftration au
» Roy des Rois, & que ce compte
» fera d'autant plus rigoureux, que
» pendant fa vie il n'aura rendu
» compte à perfonne.

» Quelqu'abfolu que foit le pou-
» voir des Souverains, ils font pour-
» tant forcez de fubir le jugement de
» deux Tribunaux incorruptibles qui
» ne leur pafferont rien, celui de
» Dieu, & celui de la Renommée.
» Dieu punira leurs mauvaifes actions
» avec la derniere rigueur dans l'au-
» tre monde, & la Renommée qui
» en publiera la honte dans celui-ci,
» imprimera fur leur mémoire une
» tache que la fuite des fiécles ne
» pourra jamais éfacer. Pour éviter
» ce malheur, les Rois doivent étu-
» dier leur Religion, s'inftruire de

» ce qui est proposé à leur foy, ac-
» quérir quelqu'intelligence des divi-
» nes Ecritures & une connoissance
» raisonnable de l'histoire Ecclesiasti-
» que : par là, ils seront en état de
» juger de la capacité de ceux qu'ils
» consultent ; ils sçauront consulter
» comme il faut, & discerner les ju-
» gemens & les Juges. Ils doivent se
» persuader que ce n'est point le
» sceptre & la couronne, mais la vi-
» gilance, l'activité, la justice, l'a-
» mour des peuples qui font les Rois;
» que comme Dieu a produit les
» campagnes, les arbres, & les
» plantes pour fournir aux hommes
» par leur fertilité, dequoi subve-
» nir à leurs diférens besoins, il a
» de même établi les Rois pour le
» bien des Peuples, pour maintenir
» la vigueur des Loix, châtier les
» méchans, récompenser les bons,
» protéger les innocens, & soulager
» les malheureux ; que semblables à
» l'astre du jour qui ne refuse à personne

sonne sa chaleur & sa lumiere bien-
faisante , ils doivent aussi répandre
par-tout leurs graces & leurs bienfaits, plus sensibles au nom aimable
de *Peres du peuple* & de *bien-aimé* ,
qu'aux titres pompeux, *d'invincible*
& de *Conquérant.*

Images vivantes de la Divinité
sur la terre, c'est par une application constante à procurer le repos,
la tranquillité , l'abondance, & la
régularité des mœurs dans leurs
états, que les Princes peuvent approcher de leur adorable modéle.
Un Roy est mis sur le trône de la
main de Dieu , pour être le premier Chef de la Justice, le premier
Directeur des Finances, le premier
Général des armées, le Gouverneur
de toutes les Provinces, le Tuteur
de tous les pupilles , le Protecteur
de toutes les veuves , le Pere de
toutes les familles, le Défenseur de
tout les opprimez , le Refuge de
tous les misérables, le Vangeur de

Louis
XII.
Charles
VI.

Tome II.   E

,, tous les crimes. Sous le fardeau de
,, tant d'affaires dont il est incontes-
,, tablement responsable , pourroit-il
,, sans offenser le Seigneur dont il est
,, le Ministre , se laisser endormir dans
,, le sein de la molesse & d'une hon-
,, teuse oisiveté ?

Après ces réflexions M. de Montausier éxamine en quoi précisément
doit consister la pieté d'un Prince
sur le trône ; ,, Ce n'est point , dit - il,
,, excellemment , par une scrupuleuse
,, observance de certaines pratiques
,, de dévotion usitées dans les cloî-
,, tres , qu'un Roy doit montrer sa
,, religion & sa foy. Assister chaque
,, jour avec respect à la célébration
,, des divins Mysteres , se jetter de
,, tems en tems aux pieds du Roy des
,, Rois, & implorer son secours par
,, des prieres courtes , mais ferventes;
,, maintenir l'honneur des Autels ,
,, contribuer par ses libéralitez à la
,, décoration des Temples , & à faire
,, subsister honorablement les Minis-

» tres du Dieu vivant ; ne donner les
» bénéfices Ecclésiastiques qu'à des
» sujets d'une vertu & d'une capacité
» éprouvée ; avoir soin que ceux qu'il
» en aura pourvûs s'acquittent éxac-
» tement des devoirs qui y sont atta-
» chez, & qui ne deshonorent pas leur
» ministere par une vie scandaleuse
» ou par un usage prophane du pa-
» trimoine des Pauvres ; respecter
» cependant leur caractere & par son
» éxemple inspirer aux peuples la vé-
» nération qui leur est dûë ; se servir
» de tout son pouvoir pour réprimer
» les novateurs en matiere de Reli-
» gion ; les regarder comme des en-
» nemis dangereux qui animez par
» l'esprit de cabale sont toujours prêts
» à secoüer aussi-bien le joug de l'au-
» torité royale , que celui des Pas-
» teurs du troupeau de J. C. se sou-
» venir pourtant que ce n'est point
» par le glaive , mais par la persua-
» tion , & si cette voye ne réüssit point,
» par la privation de toutes charges,

E ij

» diſtinctions, graces & prérogatives;
» qu'il doit ramener à la vérité ceux
» qui l'ont abandonnée, & punir ceux
» qui demeurent opiniâtrement atta-
» chez à l'erreur ; vaincre ſes paſ-
» ſions ; ſe défendre contre les amor-
» ces de la volupté & pour exciter
» ſon courage dans ce genre de com-
» bat , ſe remettre ſans ceſſe devant
» les yeux le funeſte exemple d'un
» David , d'un Salomon & de tant
» d'autres Princes , qui diſtinguez par
» une valeur & une ſageſſe extraor-
» dinaire , ſont tombez , faute de conſ-
» tance , dans les plus honteux excès ;
» ſe déclarer hautement contre les
» impies & les libertins ; faire une
» guerre ouverte aux hypocrites , &
» aux flatteurs ; bannir de ſa Cour la
» corruption & les ſcandales ; ſervir
» Dieu dans la ſincérité de ſon cœur,
» & ne rien omettre pour le faire ſer-
» vir de même par tous ſes ſujets ;
» voilà ce qui fait un Roy vrayement
» Chrétien , & c'eſt ainſi qu'un Saint

„ Louis fans rien perdre de fa gran-
„ deur & de fon courage héroïque,
„ a fçu fe rendre fur le Trône auffi
„ refpectable par fa pieté, que terri-
„ ble par fes armes.

Telle eft l'idée des Maximes con-
tenuës dans le Recüeil dont nous ve-
nons de parler ; ce n'eft que la premiere partie du deffein que le Duc
de Montaufier avoit deffein d'exécu-
ter pour l'inftruction de fon augufte
Eleve ; mais le tems & fa fanté , ne
lui permirent pas de mettre la derniere main aux deux dernieres parties
d'un ouvrage dont il ne s'eft trouvé
dans fes papiers que des lambeaux
détachés & mal affortis. Nous en
allons ramaffer quelques-uns, qui par
leur varieté & l'ordre dans lequel
nous tâcherons de les expofer pourront faire moins regretter la perfection que leur Auteur auroit pû leur
donner lui-même.

„ Ce n'eft pas affez pour un Roy
„ d'être pieux & fidelle aux exercices

» de sa religion , il ne rend point à
» Dieu tout ce qu'il lui est dû , tan-
» dis qu'il ne remplir pas avec la mê-
» me fidelité tout ce qu'il doit à ses
» sujets.

» Les différens raports du Prince
» avec ceux qui sont soumis à son
» Empire, & les conditions, diverses
» des personnes dont il est le Maître,
» sont la juste mesure de ses devoirs à
» l'égard de ses peuples.

» Egal par la nature aux autres
» hommes ; il doit être sensible à
» toutes les miseres de l'humanité,
» & rejetter avec horreur tout ce qui
» peut rendre son gouvernemeut oné-
» reux.

» Le malheur des Princes, même
» les plus humains , est souvent de
» n'avoir jamais rien souffert, & fau-
» te d'une expérience personnelle ;
» de n'avoir pas l'idée de ce que l'on
» peut souffrir. Pour suppléer à ce
» défaut qui met obstacle aux effets
» de leur générosité naturelle , qu'il

» seroit à désirer que toujours ils se
» fissent instruire par des Ministres
» fidelles, & que de tems en tems
» ils s'instruisissent par leurs propres
» yeux, de tant de miseres qu'on a
» soin de leur cacher !

» Seroit-ce avilir la Majesté Royale
» que d'imiter avec précaution les
» déguisemens usitez par plusieurs
» Princes Orientaux, & de se mettre
» à portée par cette innocent artifice
» d'entendre les plaintes ou les béné-
» dictions des peuples, sans avoir à
» craindre que la vérité n'en soit al-
» terée par la timidité, ou par l'en-
» vie de plaire ?

» On a vû des Rois pendant un
» voyage, ou dans des parties de Chas-
» se, entrer sans se faire connoître
» dans des chaumines de laboureurs, &
» dans des boutiques d'artisans, exami-
» ner curieusement, & jusqu'au plus
» plus grand détail les peines atta-
» chées à leur condition, se mettre
» au fait de leurs chagrins, & ap-

„ prendre par leur bouche ce qu'ils
„ auroient peut-être toujours ignoré;
„ que des millions d'hommes gémif-
„ fent dans la plus trifte indigence,
„ tandis que les Princes nagent au
„ milieu des délices, & qu'il dépend
„ prefque toujours d'eux feuls, de
„ faire cefler les miféres, & de fécher
„ les larmes de tant de malheureux.

„ Un Roy eft le pere du peuple:
„ quelles attentions, quelle bonté,
„ quelle affabilité, cette qualité ai-
„ mable ne fait-elle pas attendre de
„ lui? & quel retour d'attachement
„ & de reconnoiffance ne doit-il pas
„ lui-même efpérer de fon peuple,
„ s'il le traite véritablement en pere,
„ & s'il regarde tous fes fujets com-
„ me fes enfans?

„ Les François plus qu'aucune au-
„ tre Nation du monde, ont pour
„ leurs Rois un refpect mêlé d'amour
„ & de tendreffe, qui depuis les plus
„ grands jufqu'aux plus petits les rend
„ extraordinairement fenfibles au
bien

„ bien & au mal de leur Monarque;
„ ses prospéritez les font éclater en
„ transports d'allegresse ; ses mal-
" heurs quelque légers qu'ils soient
„ les jettent dans la consternation ;
„ l'intérêt & la gloire du Prince,
„ fussent-ils séparez de l'utilité pu-
„ blique , trouvent également dans
„ tous les membres de l'Etat des dé-
„ fenseurs toujours prêts à lui sacri-
„ fier & leurs biens & leurs vies.
„ Heureux Princes de trouver dans
„ des sujets autant, je ne dis pas, de
„ de serviteurs , mais d'enfans affec-
„ tionnez ! Peuple heureux de trou-
„ ver dans les Princes qui le gouver-
„ nent dequoi justifier le tendre
„ amour qu'il a pour eux !
„ La qualité de Maître n'est pas
„ moins essentielle dans un Roy que
„ celle de Pere , & lui prescrit
„ des devoirs également indispensa-
„ bles. Comme pere il doit se faire
„ aimer ; comme Maître il doit se
„ faire craindre & respecter : un pere

,, cesse d'être bon , quand par une
,, molle indulgence il souffre que ses
,, enfans mêmes méprisent ses ordres,
,, & résistent à son autorité. Un Roy
,, ne travaille pas efficacement à ren-
,, dre ses peuples heureux , lorsqu'il
,, ne réprime pas avec vigueur la
,, violence , l'indocilité, & la rébel-
,, lion. La dureté est un vice tou-
,, jours odieux , mais la fermeté est
,, une vertu toujours nécessaire.

,, Dispensateur absolu des graces &
,, des châtimens , un Roy doit les
,, distribuer avec la plus juste équité.
,, Il tient d'une main la balance , de
,, l'autre le glaive de la Justice ; la fa-
,, veur & la brigue ne doivent jamais
,, faire pancher l'une , l'autre doit ef-
,, frayer & punir le seul coupable.

,, Quoiqu'un Roy soit chargé du
,, Gouvernement , ce seroit une er-
,, reur de croire qu'il est obligé à tout
,, faire par lui-même. Qui veut tout
,, faire, ne fait rien , & souvent ces
,, vastes génies qui embrassent tout ,

» s'arrêtent à des minucies , tandis
» qu'ils négligent des affaires essen-
» tielles.

» Le grand art pour régner avec
» gloire est de sçavoir choisir des Mi-
» nistres éclairez , vertueux & vérita-
» blement zélez pour le bien public.
» Ce choix fait , il faut laisser à cha-
» cun dans son district , le détail des
» affaires , & se réserver le soin d'e-
» xaminer si leur conduite répond à
» l'idée qu'on a euë de leur capacité
» & de leur désintéressement en les
» employant.

» Un Roy est comme un pilote
» dans un Vaisseau , & comme le
» premier mobile dans le Ciel. Que
» diroit-on d'un Pilote qui laisseroit
» le timon pour faire lui-même les
» manœuvres nécessaires ? & tous ces
» corps celestes qui roulent avec tant
» d'ordre & de majesté sur nos têtes,
» d'où tiennent-ils leur mouvement
» sinon du premier mobile , qui , situé
» dans la région la plus élevée fait

« tout mouvoir au-deſſous de lui, par
« une communication générale du
» mouvement qui lui eſt propre. C'eſt
» ainſi que du haut de ſon Trône, &
» ſans s'abbaiſſer à des détails inutiles,
« un Prince habile, vigilant & judi-
« cieux décide de tout, régle tout,
« anime tout dans l'Etat, par le mi-
« niſtére de ceux auſquels il com-
« munique ſon autorité & ſa puiſ-
« ſance.

« Une probité éxacte & fondée
« ſur la Religion ; un zéle ſincere du
« bien public ; un détachement par-
« fait de ſon intérêt particulier ; une
» ſcience conſommée des affaires ac-
» quiſe par un long uſage ; un eſprit
» éclairé, vif ſans précipitation, ſo-
» lide ſans lenteur, une ame élevée,
» ferme & conſtante, pour former
» de grands deſſeins & les executer
» avec ſuccès ; un cœur bon & com-
» patiſſant, qui veuille du bien à tout
» le monde, & qui ne témoigne d'a-
» verſion, de haine, ni de dureté pour

,, personne ; une réputation illustre
,, méritée par des services déja ren-
,, dus ; un âge mur ; un grand amour
,, pour le travail : un courage que les
,, difficultez , les menaces , les pro-
,, messes , la peine & le plaisir ne puis-
,, sent ébranler ; un abord aisé , des
,, manieres affables , une disposition
,, genéreuse à sacrifier son tems , sa
,, santé , ses biens pour le service du
,, Prince & l'utilité des peuples. Tel
,, font les qualitez nécessaires pour
,, former un grand Ministre. Tel est
,, le précieux trésor qu'un Roy sage
,, doit chercher , & qu'il ne déter-
,, rera pas sans peine. Le vrai méri-
,, te est modeste , & sur-tout il n'ai-
,, me pas à se produire à la Cour.
,, Souvent c'est dans le fonds d'une
,, Province éloignée , que se ren-
,, contrera sous le boisseau cette vive
,, lumiere , qui éclaireroit un grand
,, Royaume si elle étoit mise sur le
,, chandelier , par un Roy assez zélé
,, pour la chercher & assez heureux
,, pour la trouver.   F iij

» Une autre extrêmité condamna-
» ble, ce feroit d'être tellement préoc-
» cupé de fes propres lumiéres, qu'on
» regardât comme au-deffous de foi,
» de fe fervir des lumiéres des autres.
» Lorfqu'une fois un Prince a eu le
» bonheur de trouver un Miniftre
» dans qui la pieté & le défintéreffe-
» ment font joints à l'habileté & au
» génie pour les affaires, il en tire
» un double avantage, parce que non-
» feulement l'Etat en eft mieux gou-
» verné ; mais encore en ce que fi
» les chofes ne réüffiffent pas, on ne
» fçauroit s'en prendre qu'à la fortu-
» ne, & que fi elles réüffiffent, c'eft
» toujours fur le Prince qu'en rejaillit
» tout l'honneur.

» Le préfent le plus précieux qu'un
» Roy puiffe recevoir du Ciel, eft un
» cœur docile à la vérité, & aux
» bons confeils, lors même qu'ils ne
» font pas agréables. Mais comment
» la vérité lui fera-t'elle entendre fa
» voix, s'il ne lui permet de parler

» librement , & s'il ne reçoit pas ses
» oracles , soit qu'ils soient favorables,
» ou fâcheux , avec la même tran-
» quillité.

» Le plus sûr moyen de connoître
» les vrais sentimens des personnes
» que l'on consulte , est de cacher
» soigneusement les siens , & c'est un
» talent qu'un Roy doit acquérir ,
» quand il ne l'a pas reçû de la na-
» ture. La finesse , la fourberie , l'ar-
» tifice deshonorent la Majesté du
» trône ; mais un secret impénétra-
» ble sur les affaires importantes , une
» discrétion prudente , & une sage
» dissimulation en sont les plus fer-
» mes appuis. La franchise & la can-
» deur font le caractere commun de
» nos Rois , & l'Histoire leur rend sur
» ce point un glorieux témoignage ;
» mais quand ces aimables vertus
» n'ont pas eû pour compagnes la
» prudence , & la discrétion , com-
» bien de victimes n'ont-elles pas lais-
» sé immoler par la perfidie cachée

F iiij

Le Roy
Jean, &
le Roy
Fran-
çois I.

,, d'un ennemi artificieux. Un seul
,, de nos Monarques en prenant une
,, route opposée n'éprouva pas un
,, meilleur fort ; toujours trompé par
,, ceux qu'il prétendoit tromper lui-
,, même, il se vit plus d'une fois sur
,, le panchant de sa ruine ; tout occu-
,, pé de ses intrigues, il vêcut sans
,, grandeur, & mourut peu estimé
,, de ses ennemis, plus rusez enco-
,, re que lui, & peu regretté de ses
,, peuples, à qui ses finesses avoient
,, été aussi nuisibles, qu'elles lui
,, avoient fait peu d'honneur.

,,   Loin donc d'un Prince genéreux,
,, & sur-tout d'un Prince Chrétien,
,, cette maxime damnable dictée par
,, l'esprit de ténébres, que qui ne sçait
,, pas dissimuler ne sçait pas régner, &
,, qu'entre les Potentats, le plus sage &
,, le plus habile, est celui qui sçait le
,, mieux tromper. Un sage tempéra-
,, ment de franchise & de réserve est le
,, grand secret pour régner avec gloire.
,, Ici comme ailleurs les deux extrê-

„ mitez sont dangereuses , l'Histoire
„ en présente deux exemples signa-
„ lez ; mais pour comprendre la dif-
„ ference qu'il faut mettre entre ces
„ deux excès , il suffit de songer que
„ l'on révére moins la mémoire de
„ Louis XI. que celle de François I.
„   Trois sortes de situations où les
„ Rois peuvent se trouver , deman-
„ dent d'eux une égale sagesse. Les
„ troubles intestins, les Guerres étran-
„ geres , & une longue paix.
„   Les troubles de l'Etat ont pour
„ cause , ou l'ambition des grands ,
„ ou le mécontentement des peuples.
„ Les premiers doivent être toujours
„ réprimez avec fermeté, parce que
„ la passion qui les anime ne sçauroit
„ jamais se justifier ; mais les seconds
„ doivent être ménagez , parce que
„ d'ordinaire ils ne se plaignent pas
„ sans quelque raison. Des imposi-
„ tions exorbitantes mises sans égard
„ aux facultez de ceux qu'on en ac-
„ cable , & éxigées avec inhum

» par des Financiers avides ; excitent
» pendant quelque-tems des gémiſſe-
» mens, des plaintes & des murmures ;
» bien-tôt, ſi l'on n'apporte point de
» remede au mal, la douleur ſe change
» en fureur ; les peuples épuiſez cher-
» chent à ſe dédommager, en dépoüil-
» lant ou même en immolant ceux
» qu'ils regardent comme les au-
» teurs de leur miſere. Funeſte ex-
» trêmité qui fait ſouvent retomber
» ſur le Monarque, la haine qu'on a
» conçuë contre ſes Miniſtres, & qui
» d'une plainte peut-être bien fondée
» conduit à ces révoltes ouvertes que
» nul prétexte & nulle raiſon ne peu-
» vent autoriſer ! C'eſt alors qu'un
» Prince habile & ſage fait éclater
» les plus ſublimes vertus la juſtice &
» la bonté ; par l'une il punit les pre-
» miers auteurs de la rebellion , &
» châtie ſéverement ceux qui l'ont
» occaſionnée ; par l'autre il établit de
» ſages réglemens, qui puiſſent con-
» tenir les exacteurs des tributs dans

» les bornes de l'humanité , & les
» peuples dans une juste obéissance.
»   Quoique la paix soit le plus grand
» de tous les trésors , & que l'olive
» pacifique orne aussi-bien le front
» d'un grand Roy que les lauriers
» militaires , il faut cependant quel-
» quefois tirer l'épée & s'engager dans
» des guerres indispensables. La né-
» cessité seule doit les faire entrepren-
» dre ; plus de prudence encore que
» de valeur est nécessaire pour en as-
» surer le succès , une défiance légi-
» gitime de l'inconstance de la for-
» tune en doit faire souhaiter la fin.
»   Qu'il est beau pour un Prince
» genéreux & boüillant de courage ,
» de s'arrêter dans le cours de ses
» victoires , de se contenter d'avoir
» humilié ses ennemis , & de renon-
» cer au vain titre de Conquérant ,
» pour rendre le calme aux peuples ,
» que le bruit de ses armes avoit jet-
» tez dans la consternation ! Mais la
» paix qui fait la gloire du Prince

,, dont elle est l'ouvrage , doit faire
,, le bonheur de ses sujets. C'est un
,, tems de repos, & non d'oisiveté.
,, Faire fleurir le commerce ; procu-
,, rer le retour de l'abondance ; cons-
,, truire des édifices qui servent à
,, orner les Villes , ou à entretenir
,, le respect dû à la Majesté Royale ;
,, animer par les récompenses & par
,, des distinctions honorables ceux qui
,, cultivent avec soin les sciences &
,, les arts utiles ; se disposer de loin
,, à la guerre, & préparer les Troupes
,, à des batailles sérieuses par des
,, combats innocens , ce sont-là les
,, occupations qui peuvent faire d'un
,, Roy pacifique, un Roy mille fois
,, plus aimable & plus glorieux, que
,, ces Princes inquiets qui ne se plai-
,, sent que dans le tumulte des armes,
,, & mettent tout leurs plaisir en ce
,, qui fait la désolation des autres.
,, Dans l'état où se trouve aujourd'hui
,, le monde , il n'est point de Roi quel-
,, que puissant qu'il soit , qui puisse

» avec prudence & sûreté , ou mé-
» priser ou négliger ses voisins : L'am-
» bition , l'interêt , la haine ou la ja-
» lousie peuvent les armer & les
» unir contre lui ; il faut déconcer-
» ter leurs projets , rompre leurs in-
» trigues , dissiper leurs ligues , ga-
» gner les uns , ménager les autres ,
» ne se faire haïr d'aucun , mais se
» faire craindre , ou du moins respec-
» ter de tous.

Nous arrêterons ici le Lecteur , de
crainte qu'une plus longue suite de
maximes ne lui devint ennuyeuse ; il
nous suffit d'avoir donné quelqne
idée de la noble hardiesse avec laquelle
M. de Montausier découvroit à son
Auguste Disciple des véritez , qu'on
ne cache que trop souvent aux enfans
des Rois. Le Gouverneur fut assez
heureux pour les faire goûter au Dauphin ; ce jeune Prince les écoutoit
avec docilité , & fit voir dans mille
circonstances de sa vie , qu'elles s'é-
toient profondément gravées dans son

cœur ; malgré tout ce que les envieux du Duc de Montausier purent faire pour envenimer ses intentions, & tourner en poison les préservatifs salutaires que son zéle offrit à son éleve contre tous les dangers qui environnent le Trône. Le Duc fut attaqué de la maniere la plus indigne; on forma des complots pour le perdre, mais tous ces projets furent confondus, & la vertu du Gouverneur en triompha. C'est la cause, le progrès & les suites de ces intrigues qu'il nous reste à développer dans le Livre suivant.

LIVRE SIXIEME.

SI les Maximes de M. le Duc de Montausier furent favorablement reçuës du jeune Prince, pour qui il les avoit recüeillies, elles n'eprouvérent pas le même sort de la part d'une foule de courtisans corrompus, qui le regardoient comme des instrumens

de leur ruine. Le Dauphin se faisoit
un devoir de parcourir le Recueil,
& un plaisir de le montrer à toutes
les personnes qui l'approchoient; mais
la plupart de ceux à qui il en faisoit
l'éloge, n'en jugeoient pas comme
lui, & n'oublioient rien pour lui inspirer le mépris qu'ils affectoient eux-
mêmes pour ce petit ouvrage. C'étoit
se moquer selon eux, que de prétendre
former un Roi sur ces regles, & sur ces
principes; ils disoient que les Princes
ne se doivent pas conduire de la sorte, que s'ils étoient si fidelles obser-
vateurs du droit & de la justice, &
si rigoureux à punir la licence & le
vice, ils seroient plus propres à conduire un Monastere, qu'à gouverner
un Royaume, & qu'enfin on ne pouvoit bien réussir dans le gouvernement des peuples, lorsqu'on s'atta-
choit trop aux Maximes de la Religion. Ils ajoûtoient encore que le
Gouverneur donnoit trop à son zele,
en voulant porter son éleve à une per-

fection où nul homme ne peut ateindre, & en prétendant réunir en sa personne des qualitez que l'on n'a jamais veues enfemble; qu'il propofoit au jeune Prince les chiméres d'un esprit malade pour regles de fageffe; qu'il tomboit vifiblement dans cet excès de la juftice que l'Ecriture condamne; & que s'il étoit louable d'écouter fes inftructions, il étoit impoffible de les fuivre.

Le Duc de Montaufier qui avoit prévû ces attaques, avoit eu foin auffi d'y préparer le Dauphin, & de lui fournir des armes pour le repouffer. A la tête du Recueil dont nous parlons, il avoit mis une efpece d'Epître ou de difcours préliminaire, dans lequel il fe propofe d'engager le Prince à goûter la morale qu'il lui enfeigne, par tous les motifs les plus capables de faire impreffion fur fon cœur. Mais il infifte particulierement à le prémunir contre les fuggeftions pernicieufes du libertinage & de la flatterie

flatterie ; il lui fait une vive peinture
de ces lâches adulateurs, de ces Po-
litiques impies ou de ces Ministres
intéreffez, qui pour faire leur cour,
& pour couvrir leurs véxations &
leurs défordres, mettent en mouvement tous les refforts imaginables
pour fafciner les yeux du Prince, &
écarter de lui jufqu'à l'ombre de la
verité. *Je prévois*, dit le zélé Gouverneur à fon Augufte éleve, *je pré-*
vois que ce Recueil, que je vous prefente
m'attirera la haine d'un nombre infini
de gens, parce qu'il choque les intérêts
& les deffeins de ceux qui n'ont ni la
crainte de Dieu, ni le bien public, ni le
fervice du Roi devant les yeux, mais
feulement leur ambition , leur credit,
leur intérêt Tous les ennemis de l'ordre
& de la folide piété fe déclareront contre
moi, parce qu'ils trouveront leur con-
damnation dans ces Maximes ; ils s'ef-
forceront de décrier les preceptes que
je vous donne ; ils en feront des raille-
ries ; il les traiteront de ridicules , de

chimériques & d'impossibles ; mais j'aurai pour moi toutes les personnes qui font
profession d'honneur & de vertu, qui feront charmées de voir inspirer aux Souverains des sentimens capables de les
faire regner avec gloire, & de procurer
la félicité publique.

Vous même, *Monseigneur*, continue-
t'il, par votre sage conduite vous serez
le principal éloge de ces instructions, &
vous justifierez leur auteur. Tout vous
invite à les pratiquer, votre naissance
vous y porte ; les heureuses semences de
vertu que la main de Dieu a répandues
dans votre ame, vous y préparent dès
votre enfance. Le Roi vous y excite par
les grands exemples qu'il vous donne de
toutes les vertus Royalles, par la peine
qu'il prend de vous dresser lui-même
des mémoires & des instructions pour vous
faire marcher un jour sur ses traces glorieuses, & par les exhortations touchantes & solides, qu'il veut bien vous faire de tems en tems. Il n'est pas jusqu'à
sa devise, qui ne vous apprenne les de-

voirs d'un grand Roi ; il a choisi le Soleil pour lui servir de corps, parce que
cet astre est le modele de la conduite de
tous les Souverains. Ils doivent comme
lui, estre actifs, vigilans, infatigables,
libéraux, & bienfaisans ; comme lui
produire par tout l'abondance, distribuer
les richesses, faire naître les fruits, dis-
perser la lumiere, apporter la sérénité,
dissiper les nuages, appaiser les tempestes,
& répandre par tout leurs clartés, &
leurs influences favorables.

Les précautions que le Duc avoit
prises pour mettre le Dauphin à l'é-
preuve de la séduction, au lieu d'arrêter les séducteurs, ne servirent qu'à
aigrir davantage contre un homme
qui sçavoit si bien les démasquer &
les faire connoître ; ils n'avoient pas
seulement à décrier la vertu pour
justifier leurs vices, mais ils avoient
encore à se venger d'un ennemi redoutable, qui ne cherchoit pas moins
qu'à les perdre sans ressource, dans
l'esprit de son éleve. Animez de cet

intereê personnel, ils couvrirent leur
vengeance sous le voile specieux de
zele & d'attachement pour le bien
solide du Prince ; ils renouvellerent
les anciennes plaintes, & criérent plus
haut que jamais, que le *Gouverneur
étoit un homme dur, & un maître im-
pitoyable, qui sans égard pour la dignité
& la délicatesse du Dauphin, l'elevoit
comme un enfant destiné à gagner son
pain à la sueur de son front : qu'il l'ac-
cabloit sous le poids du travail ; qu'il lui
refusoit la plupart des divertissemens con-
venables à son âge & à son rang ; qu'il
sembloit prendre à tâche d'en faire un
pédant herissé de Grec & de Latin, &
& que si on n'y prenoit garde, il rendroit l'heritier présomptif de la Couronne bien plus propre à régenter un classe,
qu'à gouverner un grand Royaume.* Ces
discours furent écoutez & applaudis
par tout ce qu'il y avoit de gens in-
téressez à flatter le jeune Prince, dont
on briguoit déja la faveur. Une trou-
pe de jeunes gens de la premiere dif-

tinction , formoient la Cour ordinaire du Dauphin ; & comme le Duc de
Montaufier le quittoit encore moins
aux heures qu'il paffoit à fe divertir
avec fes jeunes courtifans , qu'aux
heures confacrées à l'étude. Il eut
plus d'une fois occafion de mettre
un frein à la licence d'une jeuneffe,
qui cherchoit à fe rendre agréable
par toutes fortes de moyens. Quoique le Gouverneur eût pour eux tous
les égards qui étoient dûs à leur naif-
fance , & qu'il leur ménageât auprès
du Dauphin toute la confidération
qu'ils méritoient par cet endroit , il
ne laiffa pas de faire des mécontens
par la franchife avec laquelle il les
reprenoit , lorfqu'ils venoient à s'é-
chapper , & par les fuites que leur
faifoit craindre fon attention à écarter du Prince , ceux dont il foupçon-
noit la vertu.

De ces jeunes gens , les uns étoient
encore dans cet âge où l'on eft ennemi de toute correction , & haïf-

soient le Gouverneur précisément
parce qu'il étoit Gouverneur ; les autres plus âgez, & de mœurs moins
innocentes avoient peur que les effets ne suivissent les menaces d'un
homme, dont ils connoissoient l'in-
corruptible fermeté, & qu'ils ne re-
çussent enfin l'affront de se voir ban-
nis de la Cour ; les parens bien loin
d'être charmez de la discipline exacte où l'on vouloit faire vivre leurs
enfans, se firent les défenseurs d'une
folle jeunesse, & se plaignirent avec
hauteur de ce qu'on sembloit vouloir
les éloigner du Prince, & établir la
fortune des uns sur les ruines des autres ; que ces distinctions étoient
odieuses, & qu'il n'appartenoit point
au Duc de Montausier de les faire.
Des courtisans corrompus, & des femmes coquettes, qui n'aspiroient qu'au
moment de donner au jeune Prince
le goût de la volupté, ne pouvoient
sans murmurer se voir fermer tout ac-
cès auprès de sa personne, & joigni-

rent leurs plaintes à celles des autres.
Des gens même de probité , à demi
perfuadez par des difcours dont ils
ne foupçonnoient pas la malice. Les
meilleurs amis du Duc, fes parens,
jufqu'à la Comteffe de Cruffol fa fille , effrayée de cette efpece de fou-
levement général , crurent une partie de ce qu'on reprochoit au Duc ,
& lui confeillerent de donner quelque chofe à la voix publique ; de fe
relâcher un peu de fa vigilance , &
& de ménager davantage la jeuneffe
qui approchoit de fon éleve ; que
les mécontens le pourroient mettre
mal dans l'efprit du Prince , & que
c'étoit rifquer à fe perdre lui & fa famille.

La Reine , qui malgré fa piété &
fa raifon , écoutoit peut-être un peu
trop la tendreffe maternelle , fut al-
larmée de ce qu'on avoit foin de lui
rapporter de la conduite du Gouverneur avec le Dauphin. L'étude , le
travail , & la contrainte , quoique

modérée où l'on assujettissoit son fils,
lui sembloient un fardeau intolérable,
sous lequel elle trembloit qu'il ne suc-
combât bien-tôt. Elle se plaignit plus
amérement que personne, & secon-
dée par les ennemis secrets du Gouverneur, elle vint à bout de communiquer au Roi ses allarmes.

Jusques-là M. de Montausier avoit
méprisé les vains discours, que des
gens oisifs ou jaloux, tenoient sur sa
conduite ; mais quand il vit qu'on
cherchoit à le rendre suspect à son
Maître, il se crut obligé de la justifier dans l'esprit de Sa Majesté. Pour
cela il résolut de répondre par ordre
aux différens reproches qu'on lui faisoit , & de mettre ses raisons par
écrit, afin que le Roy pût les lire à
loisir, pour en mieux sentir la solidité. Cette espece d'apologie est remplie de réflexions si sages, le stile en
est si noble, & l'arrangement si beau,
que je croirois faire tort à la mémoire de M. le Duc de Montausier, &

au

au public, si je ne la mettois pas ici dans toute son étenduë.

AU ROY.

» Dans toute la France, & par-
» ticulierement à la Cour, hommes
» & femmes, sçavans & ignorans,
» sages & insensez, parlent de l'édu-
» cation de Monseigneur le Dau-
» phin. Je ne m'en étonne pas, Sire,
» puisqu'on n'est que trop porté à
» raisonner bien ou mal des choses
» dont on n'a pas à rendre compte,
» Il n'est pas surprenant que tout le
» monde s'entretienne d'une chose
» qui interesse tout le monde. Mais
» ce que j'admire, c'est que les per-
» sonnes, mêmes les plus sages, par-
» lent sur cette matiere sans connois-
» sance de cause, & condamnent les
» parties sans les entendre. On ne
» voudroit pas regler la plus petite
» affaire, sans en avoir pris aupara-
» vant une exacte connoissance, &

« fans aucun examen ; on s'érige en
» Juge , & on décide souverainement
» de la conduite qu'on doit tenir dans
» l'affaire la plus importante du
» Royaume.

» Mes censeurs condamnent pres-
» que toutes les manieres dont on
» s'y prend pour élever M. le Dau-
» phin , & disent avec confiance ,
» comme s'ils y avoient bien pensé,
» ce qu'il faudroit faire au lieu de
» ce qu'on fait.   Peuvent - ils donc
» croire ces gens si capables , que
» des personnes choisies par le Prin-
» ce du monde le plus éclairé, &
» qui d'ailleurs ne sont pas dépour-
» vûes tout-à-fait de lumieres & d'in-
» telligence , ne voyent pas avec
» toute leur application , ce que
» voyent avec tant de facilité , des
» gens qui ne sont aucunement en-
« gagez dans l'affaire dont il s'agit,
» & qui n'y pensent que par hazard ?
» Qu'ils ayent tant de bonne opi-
» nion qu'il leur plaira de leur suffi-

» sance, mais qu'ils ne croyent pas
» si légérement, que les autres soient
» aveugles. Ils devroient au moins
» suspendre leur jugement , & con-
» sulter sur une matiere de cette na-
» ture , ceux qui voyent les choses
» de plus près. Si l'on observoit cet-
» te régle de la justice , on trouve-
» roit que non seulement je vois ce
» que voyent les autres , mais que je
» vois encore beaucoup au - delà.
» Ce qui ne vient point en moi d'u-
» ne capacité supérieure , mais seule-
» ment de ce que je pense sans cesse
» aux devoirs de ma charge, & que
» les autres n'y réfléchissent pas mê-
» me quand ils en parlent. Le re-
» proche le plus universel, est que
» l'on fait trop étudier M. le Dau-
» phin ; que son occupation ordinai-
» re , est une occupation inutile ;
» qu'il vaudroit mieux lui apprendre
» à vivre ; que la science du monde
» est la veritable science de ceux qui
» sont nez pour commander ; qu'en-

H ij

» fin il est nécessaire qu'un Prince
» soit honnête homme, mais qu'il
» ne lui convient pas même d'être
» sçavant. Ces raisonnemens seroient
» justes, si nous négligions ce qui
» doit être notre but principal, &
» ce qui l'est en effet, pour songer
» uniquement à ce qu'il y a de moins
» essentiel.

   » Mais si l'on étoit plus équitable
» & moins prévenu, on verroit que
» les enfans de quelque condition
» qu'ils soient, doivent être occu-
» pez, & qu'ils ne le sçauroient être
» plus utilement qu'à l'étude ; que
» le sort des Princes seroit bien mal-
» heureux, s'il falloit qu'ils se distin-
» guassent des particuliers par l'oisi-
» veté & par l'ignorance ; que M.
» le Dauphin donnant quelques heu-
» res à ses livres, & le reste du tems
» à la Cour, il apprend également
» les sciences par l'étude, & le mon-
» de par l'usage, & qu'enfin rien ne
» peut tant l'aider à être honnête

» homme, que le soin que l'on prend
» pour l'empêcher d'être ignorant.
» Le peu de tems même que M.
» le Dauphin donne à l'étude, n'est
» pas tout employé comme on se
» l'imagine à lui faire apprendre le
» Latin, & à lui faire expliquer les
» anciens Auteurs: On cherche &
» l'on trouve dans ces momens con-
» sacrez à l'étude, l'occasion de l'in-
» struire de toutes les choses qui
» conviennent à sa naissance & à son
» âge, de ce qu'il doit à V. M. &
» à l'Etat, aux particuliers, à soi-
» même, & sur tout à Dieu. On
» essaye de lui inspirer à tout propos
» l'honnêteté, la probité, la pieté,
» l'amour des peuples, l'honneur
» le desir de la vraye gloire, & tou-
» tes les autres vertus nécessaires à
» un grand Prince, & dignes d'un
» fils de V. M. Quel autre moyen
» pourroit être plus propre pour lui
» former ainsi l'esprit & le cœur?
» Le divertissement est fait pour dé-

H iij

» laſſer l'eſprit, & non pour le per-
» fectionner. Les Dames en l'entre-
» tenant ne ſongeroient qu'à lui plai-
» re ; les courtiſans n'eſſayeroient
» qu'à le corrompre, en converſant
» avec lui, par des baſſes complaiſan-
» ces, & par des flatteries dange-
» reuſes. A quoi voudroit-on que
» M. le Dauphin employât le
» tems que nous lui faiſons donner
» à l'étude ? Seroit-ce aux affaires
» de l'Etat ? il n'eſt pas encore en
» âge de s'y appliquer beaucoup. Se-
» roit-ce à la lecture ? N'eſt-ce pas
» étudier que de lire ? Seroit-ce aux
» exercices du corps ? N'en fait-il
» pas autant qu'il eſt néceſſaire ? Se-
» roit-ce au jeu ? Oſeroit-on dire que
» ce fût là la meilleure occupation ?
» Le deſſein de V. M. eſt ſans dou-
» te d'élever M. le Dauphin, de ſor-
» te qu'il ſoit capable de régner ;
» qu'il connoiſſe l'obligation où eſt
» un Prince de s'appliquer au grand
» art de gouverner les peuples , &

„ qu'il apprenne qu'il eſt né pour
„ l'action & pour le travail, & non
„ pour le plaiſir, l'oiſiveté & la moleſſe.
„ Pour parvenir à ce but, il faut
„ l'accoutumer de bonne heure aux
„ exercices de l'eſprit & du corps,
„ l'attacher fortement & aſſidûment
„ à l'étude, qui eſt la ſeule affaire
„ proportionnée à ſon âge, & ne lui
„ donner du tems pour ſe divertir,
„ qu'après qu'il s'eſt exactement ac-
„ quitté de ſes devoirs, & qu'autant
„ qu'il eſt néceſſaire pour délaſſer
„ l'eſprit, fortifier le corps, & entre-
„ tenir la ſanté.

„ On ne ſçauroit trop ſe repreſen-
„ ter combien les divertiſſemens diſſi-
„ pent l'eſprit des hommes les plus
„ raiſonnables & les plus appliquez,
„ à plus forte raiſon celui des enfans
„ que l'âge, le peu d'expérience, &
„ ſouvent leur propre naturel rendent
„ ennemis de toute ſorte d'applica-
„ tion. Ils ſe font une maniere de
„ vie voluptueuſe, qu'ils veulent

„ après continuer. A peine com-
„ mencent-ils une partie de plaisir
„ qu'ils en proposent un autre, leur
„ imagination est toujours remplie
„ de la vaine idée de quelque diver-
„ tissement, ou présent ou à venir.
„ C'est-là leur unique occupation,
„ dont ils se font une telle habitude,
„ que tout ce qui n'a pas ce goût,
„ leur devient amer & insupporta-
„ ble. Tous les momens qu'ils paf-
„ sent sans quelque amusement fri-
„ vole, leurs paroissent longs & en-
„ nuyeux. Rappellez les à des cho-
„ ses sérieuses, ils ne peuvent se ré-
„ soudre à y penser, ils tombent dans
„ l'abbattement & dans la langueur;
„ leur esprit s'égare de lui-même, &
„ se détourne tout d'un coup de ce
„ qui est utile, vers ce qui est agréa-
„ ble.

„ Rien ne renverse tant l'ordre de
„ la société, que lorsqu'un Prince
„ qui en est le chef, ne s'occupe
„ que du jeu & du divetissement.

,, Il néglige ceux qui peuvent lui
,, inspirer la vertu , & n'aime que
,, ceux qui peuvent lui procurer des
,, plaisirs, il se met au-dessus des ré-
,, gles & des bienséances , il ne peut
,, souffrir les compagnies ni les con-
,, versations les plus polies, & renon-
,, ce à tous ces devoirs publics de
,, civilité & d'honnêteté , qui obli-
,, gent également tous les hommes
,, de quelque qualité qu'ils puissent
,, être.

,, Mais ce qu'il y a de plus consi-
,, dérable , c'est que lorsqu'on éleve
,, les Princes avec trop d'indulgence,
,, & dans des divertissemens perpé-
,, tuels , la coutume forme en eux
,, une dangereuse habitude , qui de-
,, vient ensuite une espece de nécessité.
,, Quand les devoirs importans arrivent
,, avec l'âge ; quand ils sont pressés par
,, les affaires & par les besoins de l'Etat
,, ils n'ont plus la force de résister au
,, panchant qu'ils ont pour le repos ;
,, ils avoient crû qu'ils n'étoient nez

,, que pour le plaisir, & ils ont pei-
,, ne à se détromper ; de sorte que
,, souvent rebutez du travail, auquel
,, ils n'ont jamais été accoutumez,
,, ils sacrifient à leur nonchalance
,, leur interêt même, & leur gloire.
,, Contens dans leur honteuse oisive-
,, té, pourvû qu'on ne les fatigue
,, point du récit importun de ce qui
,, se passe dans l'Etat.

,, Je ne prétens pas cependant
,, exclure de l'éducation d'un enfant,
,, tous les divertissemens. Il est juste
,, qu'on ménage un peu ces jeunes
,, esprits ; il leur faut de l'occupation ;
,, mais ils ont besoin aussi de relâ-
,, che. Comme il y auroit de la mo-
,, lesse à les laisser endormir dans l'oi-
,, siveté, de même il y auroit de la
,, barbarie à les laisser accabler par le
,, poids d'un travail trop rude, ou
,, trop assidu.

,, On se trompe, si l'on croit qu'il
,, faille élever les enfans qui doivent
,, être un jour dans le grand monde,

„ comme s'ils étoient déja propres
„ à y joüer leur rôle. C'est un abus
„ de s'imaginer qu'il faille leur don-
„ ner la liberté de tout dire & de
„ tout faire comme à des personnes
„ plus mûres ; & les mettre de tou-
„ tes les parties ; comme si ce qui
„ fait naître le goût du plaisir & du
„ libertinage avoit besoin de s'ap-
„ prendre.

„ Quand leur humeur & leur com-
„ plexion les portent à la volupté,
„ comme d'ordinaire elles ne les y
„ portent que trop, ils n'ont besoin
„ ni d'enseignemens ni de Maîtres.
„ Ainsi il est nécessaire de les occu-
„ per dans leur premiere jeunesse
„ à des choses, auxquelles ils ne s'oc-
„ cuperoient pas dans un âge plus
„ avancé.

„ La principale est de leur appren-
„ dre avec soin tout ce qui peut les
„ rendre capable de s'instruire &
„ de se servir de maîtres à eux-mê-
„ mes, lorsqu'il ne leur convien-

« plus d'en avoir ; c'est de leur faire
« aimer les Livres, & de les accou-
« tumer à l'entretien de ces Docteurs
« muets, dont les préceptes & les
« conseils ne sont suspects ni de com-
« plaisance ni d'interêt, qui blâment
« sans déguisement tout ce qui est
« blâmable, & qui loüent sans fla-
« terie tout ce qui est digne de loüan-
« ge ; chose infiniment avantageuse
« sur tout aux Princes, à qui l'on
« n'ose presque jamais dire la ve-
« rité.

« Pour détruire tout ce que je
« viens d'avancer, on dira peut-être,
« Sire, qu'il ne faut que comparer
« la maniere dont vous avez été éle-
« vé, avec celle dont vous régnez.
« Mais que V. M. ne prenne pas
« exemple sur elle-même. Si après
« avoir été conduit avec trop d'in-
« dulgence, & nourri au milieu des
« plaisirs & des jeux, vous vous êtes
« néanmoins trouvé le plus grand,
« le plus habile, & le plus vigilant

,, Roy du monde ; le Ciel ne fait pas
,, tous les jours des miracles.

,, C'en est un, Sire, que le mon-
,, de voit avec étonnement, que vous
,, vous soyez vous-même rendu ca-
,, pable de gouverner un grand Etat,
,, de commander de puissantes ar-
,, mées, de faire la félicité de vos
,, peuples, & d'abattre la fierté de
,, vos ennemis, avec le seul secours
,, de vos réflexions, & par la force
,, de votre excellent génie. Il est vrai
,, que V. M. n'a eu besoin ni de
,, maîtres, ni de directeurs, d'ins-
,, tructions, ni de préceptes, & que
,, Dieu lui a inspiré la science des
,, Rois, comme il inspira aux pre-
,, miers hommes les arts & les con-
,, noissances nécessaires au genre hu-
,, main. Mais, Sire, la capacité par-
,, faite ne descend pas toujours du
,, pere au fils, elle se donne aux uns
,, & se fait acheter aux autres ; & les
,, choses extraordinaires n'arrivent
,, pas ainsi coup sur coup.

» La destinée de Monseigneur le
» Dauphin n'est peut-être pas si heu-
» reuse que la vôtre ; il doit peut-
» être passer par le chemin des au-
» tres hommes, acquérir par l'étude
» ce que vous ne devez qu'à vos
» propres lumieres, & se rendre grand
» par le travail, au lieu que vous
» l'êtes devenu sans peine par la seule
» force de votre esprit.

» Qu'on ne dise pas non plus que
» Monseigneur le Dauphin n'est plus
» en âge * d'être contraint, & qu'il
» est tems de le laisser maître de ses
» actions. C'est précisément en cet
» âge où les passions sont fortes, &
» la raison foible, où l'on veut ardem-
» ment ce que l'on veut, & où l'on
» ne veut ordinairement rien de bon ;
» c'est alors qu'on a plus que jamais
» besoin d'être gouverné, parce qu'on
» se laisse indiscretement emporter

* Monseigneur le Dauphin avoit alors 13.
ans.

„ au mal , si l'on n'en est empêché
„ par quelqu'obstacle plus puissant
„ que la raison.

„ Cet obstacle est la seule autorité
„ des personnes vigilantes , fermes,
„ résolues , & infléxibles , comme sont
„ les peres sages & éclairés , ou ceux
„ à qui ils ont remis le soin de l'édu-
„ cation de leurs enfans. Plus ils ont
„ d'élevation au-dessus du commun
„ par la fortune ou par la naissance,
„ & plus long-tems il est d'usage de
„ les retenir sous la dépendance de
„ leurs Gouverneurs ; tout au plus
„ on en change le nom , mais sans
„ rien diminuer de leur autorité , afin
„ qu'ils puissent toujours modérer
„ avec discrétion la jeunesse de leurs
„ éléves , & les garantir par leurs
„ soins de tomber dans les précipi-
„ ces, où la légéreté , l'inexpérience
„ & la présomption , qui n'accom-
„ pagnent que trop ordinairement
„ cet âge, pourroit les entraîner.

„ Monseigneur le Dauphin a beau-

» coup d'esprit, M. de Condom qui
» s'y connoît mieux que moi, en af-
» surera V. M. Il dit souvent des cho-
» ses de bon sens, & raille quelque-
» fois agréablement; il n'a ni mali-
» gnité, ni haine, ni desir de ven-
» geance. S'il donne quelque mar-
» que de promptitude & de colere,
» c'est sans emportement & sans sui-
» te. Quand il veut il entend, il
» comprend, il retient avec une mer-
» veilleuse facilité, & c'est ce qui
» nous console; mais il ne le veut
» pas toujours, & c'est ce qui nous
» afflige. Nous employons pour lui
» inspirer l'amour des choses utiles
» tous les ressorts que nous jugeons
» propres à produire un effet si dé-
» sirable; mais les distractions & les
» langueurs d'esprit rendent quelque-
» fois nos efforts inutiles, & les em-
» pêchent de faire sur lui toute l'im-
» pression que nous souhaiterions.
» L'inapplication aux choses sérieu-
» ses, & l'attachement aux amuse-

mens

„ mens frivoles, sont donc les seuls
„ ennemis qui s'opposent à notre
„ zéle ; mais si ces ennemis sont re-
„ doutables, je ne les tiens pas in-
„ vincibles, pourvû, qu'on les atta-
„ que comme il faut. Pour avancer
„ le progrès qu'on desire en Monsei-
„ gneur le Dauphin, rien ne lui se-
„ roit plus utile que l'entretien de
„ personnes agréables, gayes & de
„ bonne humeur, & en même tems
„ sensées, raisonnables, & vertueuses.
„ Ce seroit à mon gré le plus sûr
„ moyen de lui former l'esprit & le
„ jugement, de lui donner la con-
„ noissance nécessaire des choses du
„ monde, de lui inspirer des senti-
„ mens dignes de sa naissance, & du
„ rang qu'il doit tenir.

„ Par cette conduite on l'accou-
„ tumeroit insensiblement à se plai-
„ re dans la société des honnêtes
„ gens, & l'on ne sçauroit dire com-
„ bien dans une pareille école on
„ peut s'instruire en peu de tems. Ce

„ qui me paroît de difficile , c'est
„ de trouver des gens propres à ces
„ entretiens ; mais enfin la chose n'est
„ pas impossible , & les personnes
„ mêmes qui composent la maison
„ de Monseigneur le Dauphin , se
„ ralliant auprès de lui dans ses heu-
„ res de relâche , pourroient suffire
„ à ce dessein.

„ Mais un moyen plus efficace
„ encore , ce seroit , Sire , que V.
„ M. voulût bien se résoudre à dé-
„ rober de tems en tems une demi-
„ heure à ses autres affaires , faire
„ venir M. le Dauphin dans son ca-
„ binet , avec M. de Condom , ou
„ avec moi , & se rabaisser un peu
„ à la capacité des enfans , pour l'en-
„ tretenir. Vous lui feriez compren-
„ dre , Sire , l'amitié & la tendresse
„ dont votre cœur est rempli pour
„ lui ; l'intention que vous avez de
„ le rendre digne , par une bonne
„ éducation de l'honneur qu'il a d'ê-
„ tre votre fils : Que s'il ne répon-

,, doit pas aux soins de V. M.
,, & aux vœux de toute la France,
,, il s'exposeroit à perdre vos bonnes
,, graces, & à devenir le plus mal-
,, heureux Prince du monde, au lieu
,, qu'il sera infailliblement le plus
,, heureux, s'il prend avec ardeur
,, le dessein de remplir les vûes de
,, V. M.

,, Vos remontrances & vos exhor-
,, tations, Sire, seront sans doute
,, d'un grand poids, & nous serviront
,, pour lui mettre incessamment &
,, avec succès, ses devoirs devant les
,, yeux. C'est un secret dont nous
,, nous sommes heureusement servis,
,, toutes les fois qu'il a plû à V. M.
,, de nous en fournir l'occasion ; mais
,, comme ç'a été rarement, les sui-
,, tes n'en ont pas été longues.

,, Si Dieu bénit ce moyen, & que
,, Monseigneur le Dauphin en profi-
,, te, comme j'ai tout lieu de l'espérer,
,, V. M. pourroit lui communiquer
,, quelque affaire de moindre impor-

,, tance, lui faire connoître au com-
,, mencement ce qu'il y a à faire ou
,, à dire la-deſſus, lui demander mê-
,, me ſon avis, le corriger doucement
,, s'il n'étoit pas bon , & le louer s'il
,, étoit raiſonnable. De mon côté
,, j'eſſairois en particulier de lui dé-
,, velopper plus en détail les raiſons
,, de V. M. Si cela vous donne d'a-
,, bord quelque peine , Sire , j'oſe
,, vous promettre, que vous en re-
,, cevrez à la fin une joie inconceva-
,, ble, & que vous en recueillerez
,, des fruits ſi doux & ſi abondans
,, qu'ils ſeront infiniment au-deſſus
,, du travail que V. M. y aura em-
,, ployé.

,, Pour mettre la derniere main
,, à cet important ouvrage , je vous
,, conjure au nom de Dieu, Sire ,
,, & vous demande avec reſpect de la
,, part de Monſeigneur le Dauphin,
,, que vous ayez la bonté de conti-
,, nuer les excellens mémoires que la
,, paſſion ardente que vous ayez de

,, le rendre digne de V. M. vous
,, a fait commencer pour son instruc-
,, tion. Si durant cette guerre que
,, vous seul soutenez contre tant de na-
,, tions réünies ; vos occupations aussi
,, cotinuelles que glorieuses, ne vous
,, le permettent pas ; nous espérons
,, que la paix , quand vous l'aurez
,, rendue à l'Europe par l'humiliation
,, de ceux qui l'ont troublée , vous
,, en donnera le loisir.

,. Souffrez, Sire, qu'emporté par
,, l'ardeur de mon zéle pour le ser-
,, vice de Monseigneur , & pour ce-
,, lui de V. M. j'ose vous remettre
,, ses interêts & ceux de la France
,, entiere devant les yeux , pour vous
,, engager à achever un travail , qui
,, sans doute n'aura rien de pareil
,, pour la beauté & la solidité ; &
,, à communiquer dès à présent ce
,, qui en est déja fait à celui pour qui
,, seul votre tendresse vous a porté à
,, le faire. Je puis vous assurer que
,, rien n'est si capable de profiter à

,, Monseigneur, il puisera dans cet-
,, te excellente source tous les prin-
» cipes d'un sage & glorieux gouver-
» nement, & il se sentira preslé du
» noble desir de marcher sur les tra-
» ces d'un Héros, dans qui le Ciel
» a pris plaisir de rassembler toutes
» les vertus royalles , pour en faire
» l'objet de l'admiration de tout l'u-
» nivers.

» J'ai reconnu , Sire , que rien ne
» fait tant d'impression sur Monsei-
» gneur le Dauphin , que ce qui
» vient de vous , soit vos paroles, soit
» vos lettres, soit vos exemples. La
» lecture souvent réiterée de vos ins-
» tructions, les graveroit bien avant
» dans son ame , & me donneroit
» lieu de lui remontrer avec plus d'es-
» pérance de le rendre attentif &
» docile, tout ce que V. M. veut
» qu'il fasse, & ce qu'elle veut qu'il
» évite.

» Voilà , Sire , les réflexions que
» mon application à remplir exacte-

» ment les devoirs du plus important
» emploi de l'état , dont vous avez
» bien voulu m'honorer , m'a fait
» faire sur l'éducarion & sur la per-
» sonne de Monseigneur le Dauphin.
» Mon zéle pour votre service , &
» la crainte que la calomnie n'eût
» surpris l'équité de V. M. & ne fût
» venue à bout de lui rendre ma con-
» duite suspecte , m'a porté à les lui
» communiquer, persuadé qu'auprès
» d'un Prince si éclairé , elles servi-
» roient également à me justifier sur
» le passé, & à m'assurer l'approba-
» tion de V. M. pour l'avenir. Si j'ai
» été par malheur téméraire ou in-
» discret en quelque chose, mon ar-
» dente passion pour votre gloire,
» & pour l'utilité de Monseigneur
» le Dauphin, me fera pardonner
» ma faute par un aussi bon Maître
» que vous ; & si la longueur de mon
» discours vous a ennuyé , j'espere
» que l'importance de la matiere me
» servira d'excuse. Je me flatte mê-

» me que V. M. ne trouvera pas
» mauvais que je rapproche ici en
» peu de mots, ce que j'ai eu l'hon-
» neur de lui réprésenter plus au
» long.

» Il y a quatre choses à faire pour
» produire dans Monseigneur le Dau-
» phin tout l'effet que V. M. doit
» attendre de son éducation. La pre-
» miere est de ne le point abandon-
» ner à l'oisiveté & aux plaisirs, qui
» ne manqueroient pas d'amolir son
» cœur & , d'énerver son courage.
» La seconde est de lui faire conti-
» nuer ses études, qui sont si avan-
» cées, & qui ne lui serviront de rien
» s'il ne les acheve. La troisiéme est
» de l'obliger à s'entretenir ordinai-
» rement avec des gens d'esprit, &
» de vertu, qui puissent par des con-
» versations agréables & utiles, l'in-
» struire en le divertissant, & pres-
» que sans qu'il s'en apperçoive. Et
» la quatriéme, qui seroit sans doute
» plus efficace que les trois autres ensemble

« semble, est que V. M. lui fasse
» l'honneur de l'entretenir elle - mê-
» me avec familiarité, & de lui re-
» montrer avec douceur ses devoirs
» & ses défauts.

» Rien n'a tant de pouvoir sur
» l'esprit d'un fils bien né , que les
» avis d'un pere sage, habile, & ver-
» tueux. La premiere de ces condi-
» tions se trouvant en Monseigneur
» le Dauphin, & toutes les autres en
» vous, Sire, la peine que vous au-
» riez prise seroit suivie de l'heureux
» succès que toute la France souhaite
» avec Votre Majesté.

Ce mémoire eut tout le succès que
M. le Duc de Montausier en pouvoit attendre. Le Roi le lut avec attention, & frappé de sa solidité, il
rendit une pleine justice au Gouverneur. Il fallut céder aux lumieres du
Prince le plus éclairé & le plus équitable qui fut jamais. La Reine se ras-
sura, & l'envie se vit condamnée au
silence. Depuis ce tems, le Duc rem-

plit sans contradiction, au moins dé-
clarée, les devoirs de sa charge , &
sûr de l'approbation de leurs Majestez, il ne se relâcha en rien sur
ce qu'il croyoit avec raison être nécessaire pour la perfection de son éléve. Il redoubla même son exactitude
& sa vigilance ; & sans se laisser émou-
voir par les mauvais offices qu'on
pouvoit lui rendre sourdement auprès
du jeune Prince , il demeura inébranlable dans son devoir , ne se
lassa jamais d'écarter du Dauphin
tout ce qui pouvoit le corrompre , &
ne regarda dans sa conduite , que
l'interêt de Dieu , la gloire du Roi ,
l'utilité de son disciple, & l'avantage
du Royaume.

Il faut avoüer au reste que les mauvais conseils avoient peu de pouvoir
sur l'esprit de Monseigneur. Naturellement ennemi du vice , ce jeune
Prince n'avoit nulle peine à s'en défendre , & si quelquefois la légéreté
de l'âge lui donnoit moins de goût

pour les vérités solides, ou les exercices férieux, il fçavoit déja par raifon vaincre fes répugnances, & s'ac-
quitter fans effort de tout ce qu'on
exigeoit de lui. L'eftime dont le Roi
honoroit le Duc de Montaufier, le
lui rendoit refpectable ; à mefure
qu'il avançoit en âge il l'eftimoit lui-
même de plus en plus , il écoutoit
fes avis & les fuivoit avec une docilité qui avoit quelque chofe de bien
confolant pour le Gouverneur. Il ne
faifoit rien fans le confulter, & il ne
craignoit rien tant que de s'attirer des
reproches de fa part, parce qu'il fçavoit qu'il ne blâmoit jamais que ce
qui méritoit d'être blâmé. Par le même principe il étoit extrêmement
fenfible à fes loüanges, & le moindre
figne de fon approbation le flattoit
plus , que les applaudiffemens fouvent peu fincéres des perfonnes qui
formoient fa Cour.

M. de Montaufier profita admira-
blement des heureufes difpofitions de

ſon auguſte éléve, & de la tranquillité que le Roi lui avoit procurée dans
l'exercice de ſon emploi. On voyoit
le Prince ſe perfectionner ſenſible-
ment, & juſtifier la méthode de ſon
Gouverneur par les heureux effets
qu'elle produiſoit en lui.

1680.

Enfin le Roi voyant le Prince ſon
fils parvenu au point qu'il avoit de-
ſiré, & dans un âge convenable pour
contracter une alliance, jetta les yeux
ſur les Princeſſes de l'Europe, qui
n'avoient point encore d'établiſſe-
ment, & qui toutes aſpiroient en ſe-
cret à l'honneur d'être choiſies. Ma-
rie-Anne-Chriſtine-Victoire Princeſ-
ſe de Baviere, l'emporta ſur ſes rivales; la grandeur de ſa naiſſance, ſon
âge proportionné à celui du Dauphin, ſa beauté jointe à toutes les
vertus & à tous les talens qui peuvent faire l'ornement de ſon ſexe, firent pancher la balance en ſa faveur.
Dès que les articles du mariage furent arrêtés, le Duc de Montauſier

cessa d'avoir le titre de Gouverneur;
mais il ne perdit rien pour cela de
son autorité sur Monseigneur, auprès
duquel le Roi voulut qu'il restât encore quelque tems avec les droits de
Gouverneur, dont il convenoit de
supprimer seulement le nom. Ce
changement ne laissa pas de lui procurer plus de liberté qu'auparavant;
quoiqu'il fût très-assidu auprès du
Dauphin, avec six autres Seigneurs
qu'il avoit conseillé au Roi d'attacher
au jeune Prince par des bienfaits con-
sidérables; son assiduité cependant
ne l'empêchoit plus de revoir les livres & les sçavans, qui faisoient sa
passion chérie, & qu'il avoit été pendant long-tems forcé de négliger.

Ce fut vers ce tems-là qu'il fit connoissance avec le fameux M. Despréaux. La maniere dont la chose
se passa, fera également connoître
& sa probité & son bon cœur. Le
Duc avoit pris cet célébre Poëte en
aversion, à cause du mépris qu'il pa-

roît faire dans ſes ſatyres des vers de
Chappelain, dont M. de Montauſier
étoit le protecteur déclaré, depuis
l'étroite amitié qu'il avoit contractée
avec lui dès ſa premiere jeuneſſe à
l'hôtel de Rambouïllet. En toute occaſion il faiſoit éclater ſes ſentimens
ſur un homme qu'il regardoit comme coupable de calomnie à l'égard
de ſon ami, & ayant ſçû que le Roi
avoit donné une penſion à M. Deſ-
préaux, il ne put s'empêcher d'en
parler d'une maniére un peu dure.

Le Poëte n'ignoroit pas les ſentimens du Duc à ſon égard, & il en
étoit déſolé. Pour gagner un homme
dont l'eſtime & le ſuffrage étoient
d'un ſi grand poids, il témoigna dans
ſon Epitre à M. Racine la peine qu'il
reſſentoit de n'avoir pû juſques-là les
mériter, par ces deux beaux vers, où
après avoir cité pluſieurs Seigneurs
de la Cour, dont ſa Muſe préféroit
l'approbation aux applaudiſſemens
du vulgaire, il s'écrie :

Et plût au Ciel encor pour couronner l'ouvrage,
Que MONTAUSIER *daignât y joindre son suffrage!*

Un trait si obligeant fit sur le cœur de M. de Montausier tout l'effet que M. Despréaux s'en étoit promis ; le Duc commença dès-lors à revenir de ses anciennes préventions, & peu de tems après le sieur de Puimorin frere de l'Auteur des Satyres, homme fort connu & fort aimé à la Cour, étant venu à mourir, le Duc rencontra M. Despréaux dans la Gallerie de Versailles, & lui marqua en passant le regret qu'il avoit de la mort de son frere. *Je sçais,* lui répondit M. Despreaux, *que mon frere faisoit grand cas de l'amitié dont vous l'avez honoré ; mais il en faisoit encore plus de votre vertu ; & il m'a toujours dit que les graces dont le Roi m'a comblé, & les bons traitemens que je reçois ici, ne peuvent reparer le malheur que j'ai eû de ne pou-*

K iiij

voir mériter jusqu'à présent les bonnes graces du plus vertueux, & du plus respectable Seigneur qui soit à la Cour. Oublions le passé, lui répartit M. de Montausier, en l'embrassant, *je veux être de vos amis comme je l'étois de votre frere, & pour commencer connoissance, venez, je vous en prie, dîner aujourd'hui avec moi.* M. Despréaux depuis ce moment trouva toujours dans le Duc un ami généreux, qui lui demeura fidellement attaché jusqu'au dernier jour de sa vie, & qui fut constamment l'admirateur sincére, ainsi que le sévére Censeur des nouveaux Ouvrages que cet illustre Poëte donna depuis au Public.

1681.   Le Roi toujours attentif à marquer aux personnes qu'il estimoit, toute la considération dont il les jugeoit dignes, fit entrer le Duc de Montausier dans le secret d'une expédition qu'il méditoit, & qui eut tout le succès que la prudence consommée de ce grand Monarque lui en avoit fait attendre. Il s'agissoit de se rendre maître de Strasbourg. Cette importante place avoit été cédée à Sa Majesté par les traitez de Munster & de Nimégue ; mais les Puissances interessées sembloient avec le tems avoir oublié leurs promesses, & avoir pris le parti de ne les pas tenir. Le Roi averti de ces dispositions, forma le dessein de s'emparer d'un bien qui lui appartenoit : il fit avancer des troupes de ce côté-là, & résolut d'aller en personne soumettre cette Ville par la force, si elle refusoit de céder à la justice de ses droits. Il fit tous les préparatifs nécessaires pour un voyage de cette nature, & comme il avoit eû soin de cacher sa résolution, Sa Majesté partit subitement pour l'Alsace, au lieu d'aller de Fon-tainebleau à Chambord, où sur les bruits publics, on ne doutoit point que la Cour n'allât passer l'automne. Le Roi voulut que la Reine fût du voyage avec M. le Dauphin & Madame

30 Sept.

la Dauphine , Monfieur & Madame,
le Prince & la Princeffe de Conti , le
Prince de la Roche-fur-Yon , & un
grand nombre de Seigneurs des plus
diftinguez. M. de Montaufier y fut
invité avec une diftinction particu-
liere ; le Roi le préfenta à Monfeigneur , & lui dit en termes très-ho-
norables pour le Duc , qu'il fouhaitoit
qu'il prît M. de Montaufier dans fa
caléche , *perfuadé qu'il ne lui feroit pas
moins utile en cette occafion , qu'il
l'avoit été par le paffé.* Monfeigneur ,
autant par inclination que par défé-
rence aux défirs du Roi fon Pere ,
confentit de bon cœur à ce qu'on
demandoit de lui , & fit le voyage
tête à tête avec fon ancien Gouverneur.

Le Duc mit à profit une occafion
fi favorable , & fe fervit de tout le
loifir & de toutes les occafions que
lui procura ce voyage, qui fut environ
de deux mois , pour renouveller les
fages inftructions qu'il avoit autrefois

données au jeune Prince. Monseigneur les goûta d'autant mieux alors,
que ce n'étoient plus les préceptes
d'un maître ; mais les conseils d'un
ami & d'un sujet fidele. Le Roi suivi
de son Auguste famille visita toutes
les Places de l'Alsace, & se rendit
enfin dans la Capitale. A la vûë des
Troupes de France qui s'étoient saisies
de la tête du pont, elle avoit traité
avec le Marquis de Louvois & le
Baron de Monclar, pour rendre à Sa
Majesté l'obéissance qui lui étoit dûë.

Ce n'est pas ici le lieu de rapporter
avec quelle magnificence & quels té-
moignages d'allégresse les habitans de
Strasbourg reçurent en qualité de Souverain, le plus glorieux & le plus aimable de tous les Rois. Il me suffira
d'en observer une circonstance qui
frappa singuliérement le Duc de Montausier, & qui peut-être ne sera pas
moins goûtée par ceux qui liront cet
Ouvrage. Quand leurs Majestez al-
lerent dans la célébre Eglise de Stras-

bourg pour y assister au *Te Deum*, le
Prince de Furstemberg Evêque du
lieu, les reçût à la porte, revêtu de
ses habits Pontificaux, & dans une
harangue Françoise il dit au Roi entre
autres choses : *Que se voyant rétabli*
par Sa Majesté en possession de cet Au-
guste Temple, dont les fureurs de l'héré-
sie l'avoient tenu si long tems exilé, il
pouvoit dire à Sa Majesté, à l'exemple
de Siméon, qu'il attendroit désormais la fin
de ses jours sans inquiétude ; & qu'il quit-
teroit ce monde avec beaucoup de consô-
lation, lorsqu'il plairoit à Dieu de l'appel-
ler à lui. Il fit remarquer au Roi *que*
cette Illustre Eglise devoit son établisse-
ment à ses Augustes Prédécesseurs les
Rois Clovis & Dagobert ; que l'un avoit
posé la premiere pierre de ce somptueux
Edifice, & que l'autre l'avoit fait ériger
en Evêché en la dotant de plusieurs terres
& d'amples revenus ; mais que Sa Ma-
jesté, par ce qu'elle venoit de faire pour
elle, s'en rendoit comme le nouveau Fon-
dateur d'une maniere infiniment plus glo-

rieuse. Le Prélat ajoûta en finissant, qu'il souhaiteroit avoir assez d'eloquence pour exprimer à Sa Majesté la joye que lui & son Chapitre ressentoient, en voyant ce que cette action vraiment digne d'un Roi très Chrétien avoit d'avantageux pour la gloire de Dieu, & pour celle de Sa Majesté même ; mais que manquant de termes & de facilité à s'expliquer en François, il étoit contraint de resserer dans son cœur & dans ceux de ses Chanoines les sentimens de respect, de reconnoissance, de tendresse, & de vénération dont ils etoient penetrez pour sa personne sacrée, & de l'assurer simplement qu'ils ne cesseroient jamais en serviteurs & sujets fideles, de pousser leurs vœux au Ciel, dans ce Temple où Sa Majesté venoit de rétablir le veritable culte, afin qu'il plût au Tout-puissant la combler de ses benedictions, Elle & toute la Famille Royale.

La noble simplicité de ce discours, les circonstances où il se disoit, l'âge, la qualité, & le caractére de celui qui

le prononçoit, firent fur le Roi & fur
toute la Cour une vive impreſſion;
mais M. de Montauſier en fut atten-
dri juſqu'aux larmes, & en conſerva
toujours le ſouvenir.

1681.

Le Roi toujours ſuivi de ſa Cour,
quitta Straſbourg fort ſatisfait de la
diſpoſition où il avoit vû les habitans
à ſon égard, & y ayant laiſſé cinq à
ſix mille hommes pour y bâtir une
Citadelle ; Sa Majeſté reprit la route
de France. Elle parcourut & viſita
toutes les Places fortifiées de la Lor-
raine & de la Frontiére de Champa-
gne, & revint heureuſement à Saint
Germain.

16
Nov.

M. de Montauſier eut tout lieu lui-
même d'être content de ce voyage ;
outre qu'il avoit été reçû avec des
oignages extraordinaires de joye
rém les peuples d'une Province dont
par oit fait autrefois les délices ; il
il av encore eu le plaiſir flatteur de
avoit es mêmes peuples charmez de
voir c lité & des manieres populaires

de M. le Dauphin, bénir le Gouverneur, qui par ses soins l'avoit rendu si digne d'un grand Roi dont il tenoit la vie, & de la Couronne qu'il devoit porter un jour. Le Duc ne goûtoit ces loüanges qu'autant qu'elles étoient d'heureux présages de la félicité publique, dont son Auguste Eleve pourroit être l'Auteur. Le bien de l'Etat & la gloire de son Maître étoient les seuls objets de ses désirs; il attendoit avec impatience le moment qui couronneroit ses vœux en donnant à Monseigneur un fils héritier des vertus d'un Pere & d'une Mere, qui étoient eux-mêmes l'amour & l'espérance de tout le Royaume.

Dieu ne tarda pas à l'exaucer, 1682. Madame la Dauphine après deux 16 ans de mariage mit au monde le d'Août. Prince destiné à faire revivre les siecles heureux, & qui par l'ardeur de son courage, & les lumiéres de son esprit réunissoit dans sa personne ce

rare assemblage de talens, qui fait
encore admirer le premier & le plus
grand des Cétars. Il avoit été donné
à la France pour faire son bonheur,
pour être le Pere du peuple, & le
défenseur des Autels.

Mais nos iniquitez nous rendirent
indignes d'un bien si précieux, & le
Ciel qui nous l'avoit accordé dans sa
miséricorde, l'enleva dans sa juste co-
lére. Son couroux s'est calmé cependant, & la Providence touchée de
nos douleurs à sçû réparer nos per-
tes, en nous faisant retrouver dans
Le Roi l'Auguste rejetton d'une tige presqu'é-
regnant teinte, toutes les vertus que nous
avons si long-tems regrettées dans
l'admirable Prince qui lui donna le
jour.

Il semble que les peuples pré-
voyoient ce que devoit être le Duc
de Bourgogne; sa naissance fut marquée par les transports de la plus vive allégresse; & le Duc de Montausier
comme s'il n'eût eu plus rien à désirer
après

après avoir été témoins des premiéres bénédictions que le Ciel commençoit à répandre sur son Eleve,
songea dès ce jour à se retirer de la
Cour, pour ne plus s'occuper que de
l'autre vie, à laquelle il se sentoit ap-
peller. Il ressentoit déja les attaques
d'un asthme qui lui fit souffrir de longues & ennuyeuses douleurs ; il sup-
porta ses infirmitez avec une constance égale à celle qu'il avoit fait paroître dans les maux dont il avoit été
déja affligé. Celui-ci quoi que la cause en fût toujours présente, lui laissoit quelquefois des intervalles moins
douloureux, qu'il employoit partie à
la lecture & à l'entretien des Sçavants,
partie à la Priére & à la méditation
des véritez éternelles. Si quelque
chose avoit pû le rendre moins sensible au triste état où il se voyoit ré-
duit, ç'auroient été les premiers succès, & les éclatantes victoires de M.
le Dauphin. Il étoit charmé lorsqu'on
lui racontoit les actions de valeur de

Prise de Philis-bourg, le 1. Nov.

ce jeune Héros ; mais son cœur pénétré de la joye la plus pure, lui faisoit verser des larmes, lorsqu'on lui
disoit que le Prince, digne Fils de
Louis le Grand, & digne Eleve de
son sage & vertueux Gouverneur, se
faisoit encore plus aimer que craindre,
& n'étoit pas moins chéri des peuples par sa bonté , que redoutable
aux ennemis de l'état par son courage.

Il trouvoit encore un grand adou-
cissement à ses maux dans les tendres
entretiens qu'il avoit avec sa fille qui
fut constamment auprès de lui , comme elle avoit été auprès de la Duchesse sa mere pendant le cours de sa
maladie. Cette pieuse Dame faisoit
approcher souvent du lit du malade
le jeune Comte de Crussol son fils ,
pour recevoir les instructions salutaires , & la bénédiction de cet Isaac
mourant ; & l'on ne sçauroit dire avec
quelle tendresse , & en même tems
avec quelle force le Duc faisoit pas-

ser dans le cœur de son petit fils les grands sentimens de piété, d'honneur & de probité, dont il étoit rempli lui-même. Le jeune Comte les recevoit avec une docilité pleine de respect, & les conservoit profondément gravez dans son ame, résolu d'en faire l'unique regle de sa conduite.

Cependant l'heure fatale du Duc de Montausier approchoit ; les atteintes de son mal devenoient plus violentes, & l'on commençoit à désespérer de sa vie. Le danger prochain où il se trouvoit, allarma tout le monde, lui-seul l'envisagea d'un œil intrépide. La Providence avoit conduit à Paris le célébre M. Flechier, Evêque de Nimes ; ce Prélat qui étoit attaché au Duc par la plus solide amitié, & qui ne songeoit alors qu'à en reserrer les nœuds, fut sensiblement touché de les voir prêts à se rompre pour toujours : il demeura auprès de son ami, & lui rendit tous les

devoirs que pouvoit demander une
amitié vraiment chrétienne, jusqu'au
moment qu'il eut la triste consolation de recevoir ses derniers soupirs.
En effet, si les amis & les parens de
M. de Montausier avoient lieu de s'af-
fliger de le voir mourir, il étoit bien
consolant pour eux de le voir mourir en Chrétien, & en prédestiné. Sa
piété & sa foi se renouvellérent aux
approches de la mort; il n'eut pas besoin qu'on l'avertît de se préparer
pour ce terrible passage; sa religion
l'en avertissoit assez : il fit une humble confession de ses fautes, & reçut
le saint Viatique & l'Extrême-onction
avec les sentimens les plus vifs de
douleur, d'amour & de reconnoissance ; son esprit toujours présent, &
sa langue toujours libre, lui permirent d'exprimer jusqu'à la fin tout ce
qu'il sentoit dans ces instans ; quelquefois jettant un regard sur ses honneurs, ses titres, & ses prospéritez
temporelles, il s'écrioit en soupirant,

Seroit-il possible, mon Dieu, que ce fût là ma recompense ! Puis comptant les nombreuses années d'une vie, dont il se reprochoit de n'avoir pas fait un assez bon usage : *Quatre-vingt ans, disoit-il, quatre-vingt ans, Seigneur, passez à vous offenser.* Alors une sainte frayeur des jugemens divins le saisissoit ; mais la confiance chrétienne venant au sécours : *J'approche,* ajoûtoit-il, *du trône de votre grace ; je vous améne un pecheur qui ne mérite point de pardon ; mais vous m'ordonnez de le demander ; la misericorde en vous est au-dessus de la justice ; le Sang de votre Fils adorable, ô mon Dieu, n'a-t-il pas esté repandu pour moi ; & n'est-il pas le Sang de l'Agneau qui efface les pechez du monde ?* Ce fut dans ces pieuses ardeurs d'une foi comparable à celle des Patriarches, que ce nouveau David après avoir marché devant le Seigneur dans la vérité, dans la justice & dans la droiture de cœur, éprouva les plus salutaires effets de la divine

L iij

misericorde, & mourut en saint le dix-septiéme jour de May de l'année 1690. âgé de quatre-vingt ans moins cinq mois, étant né le sixiéme d'Octobre 1610. il fut enterré auprès de son illustre épouse dans une Chapelle des Carmelites du Faubourg S. Jacques à Paris. Jamais homme ne fut honoré de regrets plus sincéres & plus glorieux que M. le Duc de Montausier. Le Roi, Monseigneur le Dauphin, les Grands de la Cour, & les Seigneurs de sa Maison, les Sçavants de France, & ceux des Païs étrangers, pleurerent sa mort comme celle ou d'un fidele ami, ou d'un pere tendre, ou d'un généreux Protecteur.

On prévint le tems destiné à offrir pour le repos de son ame un sacrifice solemnel, & à faire son éloge funébre ; on l'estima plus que jamais au moment même qu'on le perdoit pour toujours ; l'idée de ses vertus se retraça plus vivement dans les esprits, & toutes les voix se réünirent pour combler de loüanges un homme, qui malgré l'éclat de son mérite, n'avoit pas laissé d'être exposé quelquefois aux traits d'une maligne censure.

On rappelloit avec admiration ces rares qualitez qui l'avoient rendu respectable pendant sa vie, & qui assuroient son bonheur après sa mort ; cet amour pour la vérité qu'il avoit toujours défenduë aux risques mêmes de ses plus chers intérêts ; cette droiture & cette probité infléxible qui avoit toujours fait l'unique regle de ses démarches ; cette piété solide, & digne des premiers tems, qui avoit fait de lui un Chrétien de bonne foi, sans superstition & sans hypocrisie ; cette charité généreuse qui l'avoit fait regarder comme l'azile des malheureux & le pere des pauvres, ces lumiéres, cette capacité, & ce goût pour les sciences qui avoient tant contribué à faire fleurir les beaux Arts, & à faire donner au mérite l'estime & les récompenses qui lui étoient dûës; cette fidélité pour son Prince à l'épreuve des plus délicates tentations, & qu'il avoit tant de fois scellées de son sang; enfin cette valeur vraiment héroïque, signalée par tant d'actions éclatantes, si hautement réconnuë, & si glorieusement récompensée par un Roi qui étoit lui-même le Héros de son siécle.

Telle fut la justice que toute la France, & j'ose le dire, que toute l'Europe rendit à M. de Montausier, dès que la mort lui eut fermé les yeux. Par tout on regretta sans feinte & sans flatterie un Seigneur *vaillant dans la guerre, sçavant dans la paix, respecté parce qu'il étoit juste, aimé parce qu'il étoit bien-faisant, & quelquefois craint parce qu'il étoit sincere & irréprochable.*

La suite de la narration ne m'ayant pas permis de rapporter certains traits de M. le Duc de Montausier, qui sont cependant fort propres à le faire mieux connoître; je crois qu'on me sçaura

Oraison funebre de M. de Montausier par M Fle-chier.

sçaura gré de les ramasser ici.

Un jour que le Curé de Rambouillet, homme simple & sans façon, lui disoit en dînant avec lui des véritez assez désagréables ; un de ses Valets de Chambre lui témoigna qu'il s'étonnoit de ce qu'un homme de son rang souffroit qu'on lui parlât avec tant de hardiesse ; *Pourquoi ne le trouverais-je pas bon ?* répondit le Duc ; *on a droit d'être hardi, quand on dit la verité.*

Il dit à-peu-près la même chose, lorsqu'on lui fit entendre que *Moliere* l'avoit pris pour modéle en faisant la fameuse Comédie du *Misantrope :* on cherchoit à l'irriter contre l'Auteur de cette piéce, mais il répondit toujours : *je n'ai garde de vouloir du mal à Moliere, il faut que l'Original soit bon, puisque la copie est si belle.*

Le seul reproche que j'aye à lui faire, c'est qu'il n'a pas imité parfaitement son modèle, je voudrois bien être comme son Misantrope ; c'est un honnête homme.

Tome II.   M

Il diſoit en parlant des ambitieux : *Ce ſont ou de glorieux, qui ſe démentent en faiſant des baſſeſſes, ou des mercenai-res qui veulent être payez.*

A la guerre il réprima toujours avec ſévérité l'ardeur du ſoldat pour le pillage ; il avoit des égards pour les ennemis ; & diſoit ordinairement en ces ſortes d'occaſions, *Faiſons-leur craindre notre valeur, & non pas notre cupidité.*

Il avoit le cœur ſi bon & ſi tendre, malgré tout ce qu'on pouvoit dire de ſa dureté, que jamais il n'a pû ſe trouver à un Conſeil de guerre, ni donner ſa voix pour condamner à mort.

Quelques perſonnes lui faiſant re-gretter de n'avoir point de fils qui pût faire revivre ſon nom, il leur diſoit : *Je ne comprens pas la maniére de pen-ſer de la plûpart des peres & de meres ſur cet article. En meurt-on moins, & en eſt-on moins mort, pour ne laiſſer que des filles après ſoi ?*

Sa piété étoit vive & ardente, & il étoit si pénétré de respect lorsqu'il assistoit aux saints Mystéres, que dès qu'il voyoit quelqu'un ou causer, ou se tenir dans une posture peu respectueuse, il élevoit la voix, & l'avertissoit de son devoir.

Il n'a point attendu pour se donner à Dieu, que la vieillesse l'eût rendu moins propre pour le monde. Dans l'état le plus florissant de sa fortune, il menoit une vie vraiment chrétienne ; il avoit en Dieu une confiance parfaite, & il est aisé de s'en convaincre par les priéres touchantes qu'il lui faisoit tous les jours pour lui & pour toute sa famille, & que j'ai sous les yeux, écrites de sa propre main.

Il aimoit extrêmement les Livres ; c'étoit sa plus forte passion ; mais il semble qu'il n'en a jamais aimé aucun plus que celui des Evangiles ; il l'avoit lû cent treize fois ; pendant sa derniere maladie, il l'eut toujours entre

les mains, il le baisoit souvent, aussi-
bien que l'image de JESUS-CHRIST
crucifié, & l'on peut dire que cet homme si vrai, & si droit, expira dans le
sein de la vérité.

FIN.

LA GUIRLANDE DE JULIE,

POUR

MADEMOISELLE

DE RAMBOUILLET,

JULIE-LUCINE D'ANGENNES,

Depuis Duchesse de Montausier, premiere Dame d'honneur de la Reine Marie-Therese d'Autriche, & Gouvernante des Enfans de France.

M. DCC. XXIX.

AVERTISSEMENT.

Lorsque Monsieur le Duc de Montausier recherchoit en mariage Mademoi-
selle de Ramboüillet, il forma le dessein
en l'année 1640. de lui présenter le jour
de sa fête, un bouquet de Fleurs toutes
poëtiques. L'execution n'étoit pas difficile à une personne qui connoissoit aussi-bien
que lui les routes du Parnasse. Cependant
il s'associa dans cette entreprise les plus
célébres Poëtes de son tems, qui travaillé-
rent à l'envi à composer la *Guirlande*,
dont il vouloit couronner l'illustre *Julie*.
On a déja imprimé quelques-unes de ces
petites piéces de Poësie ; mais il n'en a
point encore paru de Recüeil si complet,
que celui dont on fait ici part au Public.
M. le Duc d'Uzés qui le tient de M. le
Duc de Montausier son grand pere mater-
nel, a bien voulu le communiquer, persuadé que le goût & la délicatesse de ce
petit Ouvrage, pourroit servir d'ornement
à la vie du grand homme qui en fut l'in-
venteur, & qui contribua le plus à le perfectionner.

M. LE MARQUIS DE MONTAUSIER

sous le nom de Zephire.

A JULIE.

MADRIGAL.

Recevez, ô Nymphe adorable,
Dont les cœurs reçoivent les loix,
Cette Couronne plus durable,
Que celles que l'on met sur la tête des Rois :
Les fleurs dont ma main la compose,
Font honte à ces fleurs d'or qu'on voit au fir-
mament ;
L'eau dont Permesse les arrose
Leur donne une fraîcheur qui dure inces-
samment,

M iiij

Et tous les jours la belle Flore,

Qui me chérit, & que j'adore,

Me reproche avecque courroux,

Que mes soupirs jamais pour elle

N'ont fait naître de fleur si belle,

Que j'en ai fait naître pour vous.

1.   M. DE MONTAUSIER.

LA COURONNE
Imperiale.

MADRIGAL.

JE suis ce Prince glorieux,
De qui le bras victorieux,
A terrassé l'orgüeil d'un redoutable Empire.
Au plus froid des climats je me sentis brûler
Par un nouveau soleil que l'univers admire,
Et que celui des cieux ne sçauroit égaler.
Du rivage inconnu de l'aspre Carélie
Où la mer sous la glace est toute ensevelie,
Le flambeau de l'amour mes voiles condui-
sant,
Je vins pour rendre hommage à l'auguste
Julie.
Mais jugeant ma Couronne une indigne
présent

Je voulus conquérir le riche Diadême

Dont jadis les Césars en leur pompe suprême

Eurent le front si reluisant :

Au comble d'un succès qui les peuples

étonne.

Vainqueur des ennemis & vaincu du mal-

heur,

Je rencontrai la mort dans le champ de

Belonne.

L'Amour vit mon désastre & flatant ma

douleur

Me convertit en une illustre fleur,

Que de l'empire il nomma la Couronne.

Ainsi je fus le prix que cherchoit ma valeur,

Ainsi par mon trépas j'achevai ma conquête.

En cet état, Julie, accorde ma requête

Sois pitoyable à ma langueur,

Et si je n'ay place en ton cœur

Que je l'aye au moins sur ta tête.

I. CHAPPELAIN.

LA COURONNE
Imperiale.

MADRIGAL.

BIen que de la Rose & du Lys,
Deux Rois d'éternelle mémoire
Fassent voir leurs fronts embellis;
Ces fleurs sont moindres que ta gloire;
Il faut un plus riche ornement
Pour récompenser dignement
Une vertu plus que Royale.
Et si l'on se veut acquiter,
On ne peut moins te présenter
Qu'une Couronne Imperiale.

I. DE MALLEVILLE.

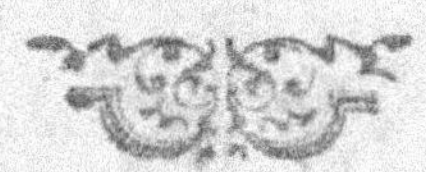

LA COURONNE
Imperiale.

MADRIGAL.

Quelque diversité que le parterre étale
Je me trouve sans effroi :
La Couronne Imperiale
Est seule digne de toi.
Tant de fleurs que la nature
Esmaille de sa peinture,
N'ont rien qu'on doive estimer ;
Voy l'éclat qui m'environne,
Moi seule fais la Couronne
Que tant d'autres ensemble ont peine de
former.

I. SCUDERY.

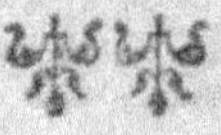

LA ROSE.
MADRIGAL.

ALors que je me voi si belle & si bril-
    lante,
Dans ce teint dont l'éclat fait naître tant
    de vœux
L'excès de ma beauté moi-même me tour-
    mente,
Je languis pour moi-même, & brûle de
    mes feux,
Et je crains qu'aujourd'hui la Rose ne fi-
    nisse
Par ce qui fit jadis commencer le Narcisse.

I. M. HABERT.
Abbé de Cerisy.

LA ROSE.
MADRIGAL.

DEvant ce teint d'un beau sang animé,
Je ne parois que pour ne plus paroître,
Je n'ai plus rien de ce lustre enflâmé
Que de Vénus le sang avoit fait naître,
Le vif éclat de ce teint nompareil
Ma fait pâlir, accuser le Soleil
Sécher d'envie, & languir de tristesse.
O sort bisarre! ô rigoureux effet!
Ce qu'à produit le sang d'une Déesse,
Le sang d'une autre aujourd'hui le défait!

2. MALLEVILLE.

LA ROSE.

MADRIGAL.

Assise en Majesté sur un trône d'épines,
Je porte le sceptre des fleurs,
Qui cédent à l'éclat de mes graces divines,
Quand l'Aurore au matin m'arrose de ses
    pleurs;
Mais, beauté que le monde adore
Et qui sçait doucement ravir,
J'estime beaucoup plus l'honneur de vous
    servir;
Que celui de régner dans l'empire de Flore.

2. M. DE MONTAUSIER.

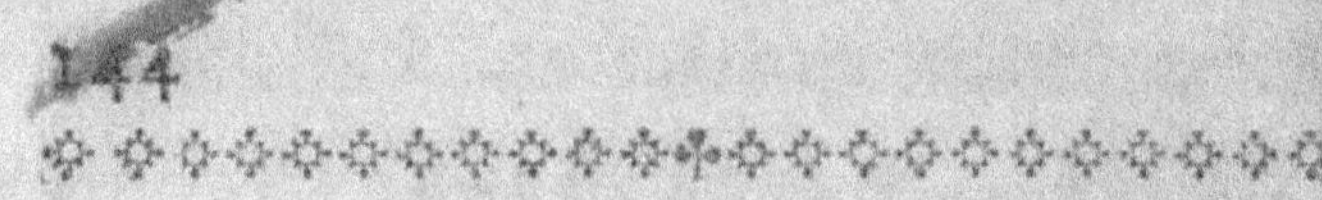

LA ROSE.
MADRIGAL,

SI vous n'aviez banni l'ardeur démesurée
  Qui du cœur des mortels fait triom-
     pher l'amour ,

Ma beauté près de vous seroit mal assurée,

Aux chaleurs de l'Eté je ne dure qu'un jour,

Mais un sort plus heureux en ce lieu m'en-
     vironne ,

Le tems dont le pouvoir de toute chose or-
     donne ,

Par vos charmes puissants se trouve sur-
     monté

J'ai de vous obtenu la faveur désirée ,

Et sur votre visage , où régne la beauté ,

Je suis d'éternelle durée.

I. COLLETET.

L A

LA ROSE.

MADRIGAL.

QUoique la fable nous raconte
Jamais la Reine d'Amathonte
Ne changea ma couleur , ni mon luſtre
  ancien ,
Si quelque trait de flâme , à ma neige ſallie,
C'eſt de honte que j'ai, que le teint de Julie
Eſt eſtimé plus frais , & plus beau que le
  mien.

2. Idem.

✝✝✝✝✝✝✝✝✝✝✝✝✝✝✝✝✝✝✝✝✝✝✝✝✝

LE NARCISSE.

MADRIGAL.

JE consacre, Julie, un Narcisse à ta gloire;
Lui-même des beautez te céde la victoire.
Etant jadis touché d'un amour sans pareil,
Pour voir dedans l'eau son image,
Il baissoit toujours son visage,
Quil estimoit plus beau que celui du soleil;
Ce n'est plus ce dessein qui tient sa tête basse,
C'est qu'en te regardant il a honte de voir
Que les Dieux ont eu le pouvoir
De faire une beauté qui la sienne supasse.

3. DE MONTAUSIER.

LE NARCISSE.

MADRIGAL.

JE suis ce Narcisse fameux
  Pour qui jadis Echo répandit tant de
    larmes,
Et de qui les appas ne cédent qu'à vos char-
    mes,
Qui viens pour vous offrir mes vœux;
Qu'on m'accuse, belle Julie,
D'avoir en ce dessein plus de témérité
Que je n'eus jamais de folie
Adorant ma propre beauté.
Je ne puis m'empêcher de commettre ce
    crime;
Je le trouve trop glorieux;
Oyez donc ce discours que ma pâleur ex-
    prime,
Et qui ne s'entend que des yeux;
Si vous me voyez le teint blême,
Ce n'est plus moi, c'est vous que j'aime.
   4. *Idem.*

LE NARCISSE.

MADRIGAL.

EPris de l'amour de moi-même
De Berger que j'étois, je devins une
fleur,

Faites profit de mon malheur

Vous que le Ciel orna d'une beauté suprême

Et pour en éviter les coups

Puisqu'il faut que tout aime, aimez d'autres
que vous.

I. M. HABERT.
C. de l'Artillerie.

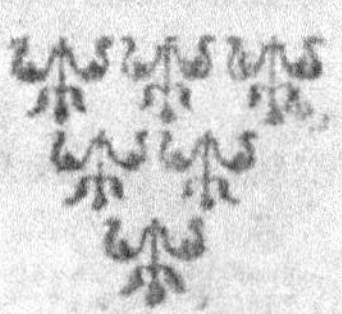

LE NARCISSE.

MADRIGAL.

QUand je vois vos beaux yeux si brillants
    & si doux

Qui n'ont plus désormais rien à prendre
    que vous,

Leur éclat m'est suspect & pour vous j'a-
    préhende,

Souvent ce riche don est chérement vendu,

Je sçai que ma beauté ne fut jamais si grande.

Chacun sçait toutefois comme elle m'a
    perdu.

2. M. HABERT,
Abbé de Cerisy.

L'AMARANTE.

MADRIGAL.

JE suis la fleur d'amour qu'Amarante on
    appelle

Et qui vient de Julie adorer les beaux yeux.

Roses, retirez-vous : j'ai le nom d'immor-
    telle ,

Il n'appartient qu'à moi de couronner les
    Dieux.

I. GOMBAUD.

L'ANGELIQUE.

MADRIGAL.

REcevez mon service, adorable Julie,
Seule que la nature a fait naître ac-
complie,
Ah! que j'estimerai mon destin glorieux
Si votre belle main sur vos cheveux m'ap-
plique!
Je suis favorite des Cieux
Je porte le nom d'Angélique;
Mais je n'ignore pas qu'au jugement de tous
Je la suis beaucoup moins que vous.

5. M. DE MONTAUSIER,

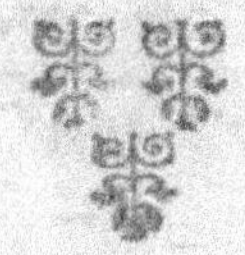

L'ANGELIQUE.

MADRIGAL.

QUand toutes les fleurs prennent place
Sur l'yvoire de votre front,
Il faut que par raison je fasse
Ce que par audace elles font,
Et certes si la voix publique,
Me nomme par tout Angelique
Et me donne tant de renom
Je répons mal à ces loüanges,
Et ne mérite plus mon nom,
Si je ne couronne les Anges.

3. MALLEVILLE.

L'OEILLET.

L'OEILLET.

MADRIGAL.

Bien que dans l'empire des fleurs
J'espére emporter la couronne
Dessus toutes mes autres sœurs
Au moins si la beauté la donne ;
Devant ton teint vif & vermeil,
De qui l'effet plus grand que celui du soleil,
Des cœurs les plus gelez fond la plus dure
    glace,
Mon éclat se ternit & mon lustre s'efface ;
Mais dessus tes cheveux je reprens ma
    beauté,
Et j'emprunte de toi ce que tu m'as ôté.

6. M. DE MONTAUSIER.

LA FLEUR DE THIN.

MADRIGAL.

SAns beauté, sans grandeur, sans éclat,
    & sans grace

Je nais, par un arrêt de mon injuste sort,

Incapable d'un bel effort

Pour acquérir l'illustre place

Ou mon ambition m'ose faire aspirer.

Toutefois, ô belle Julie,

Si de tes doux regards tu daignes m'éclairer

Je renaîtrai par-eux de tant d'attraits rem-
    plie,

Que j'aurai sujet d'espérer

De rendre ta couronne & ma gloire accom-
    plie.

Sois donc favorable à mes vœux,

Embellis ma laideur, releve ma bassesse,

Des deftins montre toi maîtreffe,

Mets moi malgré leur haine en un état heu-

reux.

La nature pour moi non moins barbare

qu'eux,

En vain t'oppofe fes obftacles;

Tes beaux yeux chaque jour font de plus

grands miracles.

I. M. D'ANDILLY, *fils.*

LE JASMIN.

MADRIGAL.

Cause de tant de feux, source de tant
    de pleurs,

Julie, accorde ma requête,

Comme à toutes ces autres fleurs,

Donne-moi place sur ta tête.

Contre le lustre de mon teint

L'éclat des plus beaux Lys s'éteint;

Par-tout ailleurs je leur fais honte,

Seulement dans ton sein leur blancheur me
    surmonte.

       7. M. DE MONTAUSIER.

L'ANEMONE.
MADRIGAL.

JE m'offre à vous belle Julie ;
Mais ne refusez pas mes vœux ;
La couronne qu'on met dessus vos beaux
    cheveux
Sans moi ne peut être accomplie.
Je dois entre les fleurs tenir le premier
    rang :
On ne sçauroit cüeillir que parmi les épines
Cette fleur que Vénus fit naître de son sang,
Et je n'en mêle point à mes beautez divines;
Mais l'éclat de votre beauté
M'accuse de témérité,
Je céderai toujours aux Roses
Tandis qu'elles feront sur votre teint écloses.

8. Idem.

O iij

LA VIOLETTE.

MADRIGAL.

Fleur sans ambition, je me cache sous
l'herbe,

Modeste en ma couleur, modeste en mon
séjour;

Mais si sur votre front je me puis voir un
jour,

La plus humble des fleurs, sera la plus
superbe.

1. ANONYME.

LA VIOLETTE.
MADRIGAL.

DE tant de fleurs, par qui la France,
Peut les yeux & l'ame ravir,
Une seule ne me devance,
Au juste soin de te servir;
Que si la rose en son partage
Fait gloire de quelque avantage,
Que le Ciel daigne lui donner,
Elle a tort d'en être plus fiére,
J'ai l'honneur d'être la premiere
Qui naisse pour te couronner.

4. MALLEVILLE.

LES LYS.

MADRIGAL.

Merveille de nos jours dont les charmes vainqueurs,

Ravissent les esprits, & regnent dans les cœurs,

Rare présent du Ciel, adorable Julie;

Lorsque toutes les fleurs d'un émail précieux,

Viennent rendre à l'envi ta Couronne embellie,

C'est sur moi que tu dois arrester tes beaux yeux.

De la Reine de l'air je suis la fleur divine,

Ma blancheur de son lait tire son origine,

Il se fait voir encor sur mon teint sans pareil;

Et le Dieu dont les Loix forment la destinée,

Veut que le plus grand Roi qu'éclaire le Soleil

Aît de moi seulement le tête couronnée.

Au temple de Thémis je préside avec lui;

Son trône glorieux est mon illustre appui;

La Valeur de ce Mars fait pour moi des
   miracles.

Et je dois espérer que par ton bras puissant

S'accompliront bien-tôt les célébres Oracles

Qui me promettent place au-dessus du
   croissant.

Mais parmi ces grandeurs, le bruit de
   ton mérite

A me donner à toi si fortement m'invite;

Que je veux de ma gloire enrichir ta beauté;

En vain toutes les fleurs dans leur pompe
   suprême

Se vantent de t'orner d'un Royal Diadême,

Leur plus superbe éclat n'a point de Majesté.

Nulle autre que le Lys sans audace n'aspire

A te rendre un honneur qui soit digne de toi;

Elles parent ton front, & je t'offre un empire.
Puisqu'en te couronnant, je t'égale à mon
   Roi.

I. M. D'ANDILLY.

LES LYS.
MADRIGAL.

LE plus ardent de tous mes vœux

Est de couronner tes cheveux,

Et je croi, si je ne me flatte,

Que je puis aspirer à cet honneur nouveau ;

Car par moi ton visage est beau,

Et par moi de nos Rois le Diadême éclatte ;

Mais j'ai plus de gloire cent fois

Et je tire plus d'avantage,

D'éclater dessus ton visage

Que dessus la tête des Rois.

9. M. DE MONTAUSIER.

LES LYS.

MADRIGAL.

REçois le Lys que je te donne,
Pour en former une Couronne,
Par qui ton pouvoir soit dépeint ;
C'est l'ornement que je t'aprête :
Pour rendre ce qu'on doit aux Lys de ton
    beau teint,
Il t'en faut mettre sur la tête.

5. MALLEVILLE.

LE LYS.
MADRIGAL.

DEvant vous je perds la victoire
Que ma blancheur me fit donner,
Et ne prétends plus d'autre gloire,
Que celle de vous couronner.

Le Ciel par un honneur insigne
Fit choix de moi seul autrefois,
Comme de la fleur la plus digne
Pour faire un présent à nos Rois.

Mais si j'obtenois ma requête,
Mon sort seroit plus glorieux :
D'être monté sur votre tête,
Que d'être descendu des Cieux.

I. DES REAUX TALLEMANT.

LE LYS.

MADRIGAL.

JE puis mettre entre les loüanges,
Qui me rendent si glorieux,
D'avoir fleury dedans les Cieux
Cultivé de la main des Anges ;
Mais, certes, c'est y retourner,
Que de pouvoir vous couronner.

1. M. MARTIN.

LE LYS.

MADRIGAL.

QUe j'ai d'honneur à cette fois,
Que j'ombrage ces belles tresses !
Je ne couronnois que les Rois,
Et je couronne les Déesses.

2. Idem.

LE LYS.
MADRIGAL.

UN divin Oracle autrefois,
A dit que ma pompe & ma gloire,
Sur celle du plus grand des Rois
Pouvoit emporter la victoire;
Mais si j'obtiens, selon mes vœux,
De pouvoir parer vos cheveux,
Je dois, ô Julie adorable,
Toute autre gloire abandonner;
Car nul honneur n'est comparable,
A celui de vous couronner.

I. M. C.

LES LYS.

MADRIGAL.

BElle, ces Lys que je vous donne,
Auront plus d'honneur mille fois
De servir à votre couronne,
Que d'être couronnez aux armes de nos
   Rois.

2. ANONYME.

LA TULIPE.
MADRIGAL.

JE fus un Berger autrefois
Qui poussé d'une belle audace
Alla cueillir dessus Parnasse
Des lauriers plus fameux que les lauriers
      des Rois.

Ce généreux désir d'une éternelle gloire,
Ne m'empêcha pas de servir,
Avec les filles de mémoire,
Les mortelles beautez qui me sçurent ravir ;
Mais mon ame fut si volage ,
A tant d'objets divers elle rendit hommage,
Et les Bergéres si souvent,
En me reprochant leurs caresses ,
Se plaignirent que mes promesses
Se perdoient parmi l'air, dessus l'aîle du
      vent ;   Qu'amour

Qu'amour vint d'une main puiſſante,

Me transformer en cette fleur,

Qui comme j'eus l'ame inconſtante,

Eſt inconſtante en ſa couleur ;

Miracle de nos jours, ſi mes yeux t'euſſent

    vûë,

Avec tous ces apas dont le Ciel t'a pourvûë,

Mon cœur n'eût point été léger ;

Mais mon ſort me conſole, & pour ma

    gloire ordonne

Depuis que j'ai l'honneur d'embellir ta

    Couronne,

Que mes vives couleurs ne pourront plus

    changer.

M. GODEAU.

LA TULIPE.
MADRIGAL.

JE ſuis le plus brillant ouvrage
Dont le pinceau de Flore embellit les Etez,
Et ſur les autres fleurs j'ai le même avantage
Qu'a le feu de tes yeux ſur les autres clartez ;
Mais dans l'éclat qui m'environne
Et qui de cent couleurs releve mes beautez,
La gloire que le Ciel me donne
D'être une fleur de ta couronne
A pour moi de ſi doux appas,
Que bien que de ma mort ma gloire ſoit
    ſuivie,
Pour mourir d'un ſi beau trépas,
J'aime mieux la mort que la vie.

I. M. ARNAUD, de Corbeville.

LA TULIPE,
AU SOLEIL.

MADRIGAL.

BEl astre à qui je dois mon être & ma
    beauté,

Ajoute l'immortalité

A l'éclat nompareil dont je suis embellie;

Empêche que le tems n'efface mes couleurs,

Pour Trône donne moi le beau front de
    Julie;

Et si cet heureux sort à ma gloire s'allie,

Je serai la Reine des fleurs.

2. M. C.

P ij

LA TULIPE,
nommée flamboyante.

MADRIGAL.

PErmettez-moi, belle Julie,

De mêler mes vives couleurs

A celles de ces rares fleurs

Dont votre tête est embellie ;

Je porte le nom glorieux

Qu'on doit donner à vos beaux yeux.

10. M. DE MONTAUSIER.

LA JONQUILLE.

MADRIGAL.

DAns la fable ni dans l'histoire
    Il ne se parle point de moi,
Je ne me puis vanter de posséder la gloire,
De descendre du sang ni d'un Dieu, ni
    d'un Roy;
Mais la passion véritable
Que vous témoigne ma couleur,
Plus qu'une plus illustre fleur
Me doit rendre recommandable.
O beauté qu'on doit adorer !
Permettez-moi de vous parer,
Et je m'estimerai cent fois plus glorieuse,
Que celle dont l'histoire est cent fois plus
    fameuse.

11. Idem.

L'HYACINTE.

MADRIGAL.

JE n'ai plus de regret à ces armes fameuses
Dont l'injuste refus précipita mon sort ,
Si je n'ai possédé ces marques glorieuses
Un destin plus heureux m'accompagne à la
mort ;
Le sang que j'ai versé , d'une illustre folie
A fait naître une fleur, qui couronne Julie.

1. M. le M. de R.

****

L'HYACINTE.

MADRIGAL.

Depuis mon changement tout l'univers remarque
Que d'un triste & muet discours
Je me plains qu'en mes plus beaux jours
J'ai ressenti la rigueur de la Parque;
Mais je cesse de murmurer,
Et l'extrême plaisir que j'ai de te parer,
Efface maintenant la plainte
Que mes feüilles portoient empreinte.

12. M. DE MONTAUSIER.

L'HYACINTE.

MADRIGAL.

D'Un éternel bonheur ma difgrace eft
    fuivie,
Je n'ai plus rien en moi qui marque mon
    ennui,
Autrefois un foleil me fit perdre la vie,
Mais un autre foleil me la rend aujourd'hui.

            3. M. C.

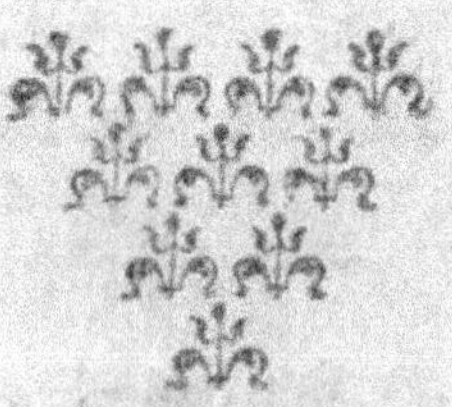

L'HELIOTROPE.

L'HÉLIOTROPE,
OU TOURNESOL.
MADRIGAL.

A Ce coup les Destins ont éxaucé mes
vœux,
Leur bonté me permet de parer les cheveux
De l'incomparable Julie;
Pour elle, Apollon, je t'oublie,
Je n'adore plus que ses yeux;
C'est avec leurs attraits qu'amour me fait
la guerre,
Je quitte le Soleil des cieux,
Pour suivre celui de la terre.

13. M. DE MONTAUSIER.

LE SOUCY.
MADRIGAL.

SI l'on vous donne un lys, un œillet,
    une rose,

Je vous veux présenter aussi

Un triste & languissant soucy,

Le sort ne me laisse autre chose;

Je souffre une telle douleur

De vous offrir la moindre fleur

Qu'on verra dans votre couronne,

Que je deviens ce que je donne.

14. Idem.

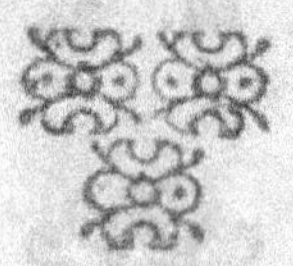

LE SOUCY.

MADRIGAL.

Faut-il donc que la rose ait sur moi l'avantage,

D'étaler ses beautez dessus votre visage,

D'y charmer tous les cœurs, & d'y donner des loix ?

Luisez, astre vivant, dessus ma derniere heure,

Une jalouse ardeur ordonne que je meure
Pour un second soleil, une seconde fois.

2. M. HABERT,
C. de l'Artillerie.

LE SOUCY.

MADRIGAL.

NE pouvant vous donner ni sceptre ni
    couronne,

Ni ce qui peut flatter les cœurs ambitieux,

Recevez ce Soucy qu'aujourd'hui je vous
    donne,

Pour ceux que tous les jours me donnent
    vos beaux yeux.

3. Idem.

LE SOUCY,
AU SOLEIL.
MADRIGAL.

Quoi que tu sois pourvû d'un éclat
    nompareil,
Ce n'est pas de ton feu que je suis embel-
    lie,
Si je suis la fleur du soleil,
C'est du soleil qui luit dans les yeux de
    Julie.

2. M. COLLETET.

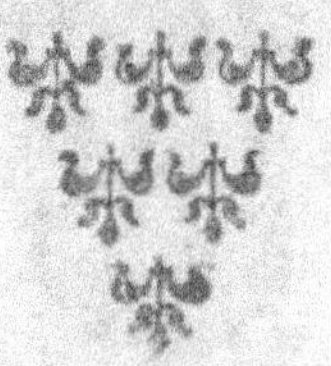

LE SOUCY,
sous le nom de Clytie.
MADRIGAL.

Mortels, qu'on ne m'accuse pas
D'être infidele ni volage,
Bien qu'un miracle de cet âge
Ait pris mon ame en ses appas ;
Je puis sans crime, & sans folie,
Chérir cet objet nompareil ;
Aimer Apollon, ou Julie,
C'est toujours aimer le Soleil.

6. MALLEVILLE.

LE SOUCY,
fous le nom de Clytie.
MADRIGAL.

JE fuis & l'amante, & l'image,
De l'Aftre étincelant qui regne dans les
Cieux,
Et je puis fans orgüeil, prétendre à l'avan-
tage
De parer fon front glorieux;
Mes rivales ont eu l'audace,
Dans leur plus fuperbe appareil
De t'ofer demander ma place;
Mais, incomparable foleil,
Plus digne de mes vœux que celui qu'on
adore,
Nulle dans l'empire de Flore
Ne me peut difputer cet honneur fans pareil;

Q iiij

Je n'exalte point ma naissance ;

Je ne vante point mes appas ;

Pour concevoir cette espérance ,

J'ai ce que les autres n'ont pas ,

De rayons éclatans je suis environnée

Et telle est ma destinée

Que tu ne peux qu'à moi cette gloire don-
     ner ;

Qui pourroit qu'un soleil , un soleil cou-
     ronner ?

2. M. D'ANDILLY , fils.

LA PENSE'E.

MADRIGAL.

VOus qui suivez l'amour dont le feu
  vous égare,
Ne jettez point les yeux sur un objet si rare,
C'est avecque respect qu'il en faut appro-
  cher;
Qnoi que de ses beautez votre ame soit
  blessée,
Apprenez que les mains n'ont pas droit d'y
  toucher,
Et que cet heur n'est dû qu'à la seule pensée.

3. M. COLLETET.

LES SOUCIS ET LES PENSÉES.

MADRIGAL.

Lorsque pressé de mon devoir,
  Je veux t'offrir une Guirlande
Ta beauté m'ôte le pouvoir
D'accomplir ce qu'il me commande ;
Ce qui te la fait mériter.
Empêche que tu ne l'obtiennes,
Ton beau teint ne peut supporter
D'autres merveilles que les siennes,
Par lui la rose est sans couleur.
Les œillets ont perdu la leur,
Les tulipes sont effacées,
Les lys n'ont plus de pureté
Et pour toy rien ne m'est resté
Que des Soucis & des Pensées.

7. MALLEVILLE.

LA FLEUR-D'ORANGE.

MADRIGAL.

DU Palais d'Emeraude , où la riche
   nature
M'a fait naître & régner avecque majesté ,
Je viens pour adorer la divine beauté ,
Dont le Soleil n'est rien qu'une foible pein-
   ture.
Si je n'ai point l'éclat , ni les vives couleurs,
Qui font l'orgüeil des autres fleurs :
Par mes douces odeurs je suis plus accom-
   plie,
Et par ma pureté plus digne de Julie.
Je ne suis point sujette au fragile destin
De ces belles infortunées
Qui meurent dès quelles sont nées
Et de qui les appas ne durent qu'un matin ;

Mon sort est plus heureux, & le Ciel fa-
          vorable,
Conserve ma fraîcheur, & la rend plus du-
          rable,
Ainsi charmant objet, rare présent des cieux,
Pour mériter l'honneur de plaire à vos
          beaux yeux,
J'ai la pompe de ma naissance.
Je suis en bonne odeur en tout tems, en
          tous lieux,
Mes beautez ont de la constance,
Et ma pure blancheur marque mon inno-
          cence.
J'ose donc me vanter en vous offrant mes
          vœux
De vous faire moi seule une riche couronne.
Bien plus digne de vos cheveux,
Que les plus belles fleurs que Zéphire
          vous donne.

Mais fi vous m'accufez de trop d'ambition,

Et d'afpirer plus haut que je ne devrois faire,

Condamnez ma préfomption,

Et me traitez en téméraire,

Puniffez, j'y confens, mon fuperbe deffein

Par une févére défenfe,

De m'élever plus haut, que jufqu'à votre
    fein

Et ma punition fera ma récompenfe.

3. M. C.

LE SAFRAN.

MADRIGAL.

JE viens m'offrir à vous pour parer vos
  cheveux,

Divin objet de mille vœux,

Par qui toute ame est enflâmée ;

La nature mere des fleurs,

Pour me distinguer de mes sœurs

De langues ma toute formée,

Mais aimable Julie, il le faut avoüer,

Je n'en ai pas encore assez pour vous loüer.

15. M. DE MONTAUSIER.

LA FLAMBE.
MADRIGAL.

JE ne crois pas que ces Guirlandes
Dont chacun vous fait des offrandes,
Conservent toutes leurs couleurs,
Si votre bel œil les éclaire,
Je m'attends bien de lui voir faire
Des Flambes de toutes les fleurs.

S. MALLEVILLE.

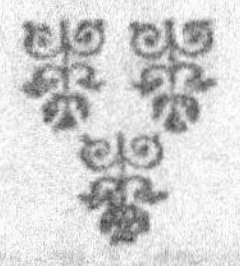

LA FLAMBE.

MADRIGAL.

Parmi toutes ces autres fleurs,
  Recevez cette flambe, ô Julie adorable,
C'est le vivant portrait des mortelles dou-
    leurs
Que cause dans mon sein une playe incu-
    rable,
Pour vous montrer l'état de mon cœur
    consumé,
Je ne pouvois choisir qu'un objet enflâmé.

16. M. DE MONTAUSIER.

LE MUGUET.

MADRIGAL.

J'Abandonne les bois dont les feüillages
    sombres,

Malgré l'astre brûlant qui répand les clartez,

Conservent ma fraîcheur sous leurs épaisses
    ombres,

Pour venir rendre hommage à tes rares
    beautez ;

Mais je crains en voyant l'éclat qui t'en-
    vironne,

Que ton feu sans pareil

Ne me soit plus fatal que celui du Soleil.

N'importe toutefois, quoi que le Ciel or-
    donne,

Ou j'embellirai ta couronne ;

Ou mourant au feu de tes yeux,

Mon sort égalera le sort des demi-Dieux.

I. M. DE BRIOTE.

LA FLEUR DE GRENADE.

MADRIGAL.

Dans l'empire fameux de Flore & de
    Pomone.

Mon Pere a mille enfans qui portent la
    Couronne ;

Mais préférant mon sort au leur

J'ai mieux aimé demeurer fleur

Avec le vif éclat dont je suis embellie ;

Afin de m'offrir vierge à la chaste Julie.

O perte favorable ! ô change précieux !

Je quitte une gloire mortelle,

Pour l'immortel honneur de parer cette
    belle ,

Et le destin des Rois , pour le destin des
    Dieux.

4. M. C.

LA FLEUR DE GRENADE.

MADRIGAL.

D'Un Pinceau lumineux l'astre de la
    lumiere

Anime mes vives couleurs,

Et régnant sur l'Olimpe en sa vaste carriere,

Il me fait régner sur les fleurs

Ma pourpre est l'ornement de l'empire de
    Flore,

Autrefois je brillai sur la tête des Rois,

Et le rivage More

Fut sujet à mes loix ;

Mais méprisant l'éclat dont je suis embellie,

Je renonce au flambeau des Cieux

Et viens, ô divine Julie,

A dorer tes beaux yeux ;

Pour vivre par leur feu d'une plus noble
    vie,   R ij

Je viens, par une belle ardeur,

A la honte du Ciel achever ta grandeur ;

Il te devoit une Couronne ;

Et moi, je te la donne.

2. M. DE BRIOTE.

LA FLEUR D'ADONIS.

MADRIGAL.

SI quelque soin vous tient de vous rendre
immortelle,

Et de voir votre nom par le monde semé,

Rendez vous à l'amour, ne soyez plus re-
belle,

Si je fleuris encor, c'est pour avoir aimé.

9. MALLEVILLE.

LA PERCE-NEIGE.
MADRIGAL.

Fille du bel astre du jour,
     Je naîs de sa seule lumiere,
Alors que sans chaleur , à son nouveau re-
          tour ,
Des mois il ouvre la carriere.
Je vis pure & dans la froideur,
Et mon teint , qui la neige efface,
Conserve son éclat dans l'extrême rigueur
De l'hyver couronné de glace,
Fleurs peintes d'un riche dessein,
Que le chaud du Soleil fait naître,
Et qui peu chastement ouvrez votre beau
          sein
Au Pere qui vous donna l'être ;
Vous qui sans pudeur aux Zéphirs

Souffrez découvrir vos richesses,

Et vous laissant toucher à leurs foibles soupirs,

Ployez sous leurs molles caresses ;

Osez-vous peu modestes fleurs,

Prétendre couronner cette beauté sévére ?

Et ne craignez vous point les cruelles froi-
deurs

Dont elle sçait punir une ame téméraire ?

N'ayez plus cette vanité

Puisque seule je dois obtenir l'avantage

D'orner de son beau chef l'auguste majesté,

Lorsque de tous les cœurs elle reçoit l'hommage,

Au trône de la pureté,

I. MONMOR HABE

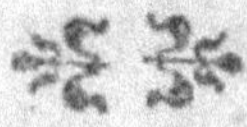

LA PERCE-NEIGE.

MADRIGAL.

SOus un voile d'argent la terre enfevelie,

Me produit malgré fa fraîcheur,

La Neige conferve ma vie,

Et me donnant fon nom, me donne fa

    blancheur;

Mais celle de ton fein, nompareille Julie,

Me fait perdre aujourd'hui le prix

Que je ne céde pas aux Lys.

3. M. DE BRIOTE.

****

LE PAVOT.

MADRIGAL.

Accordez-moi le privilége
D'approcher de ce front de neige ;
Et si je suis placé, comme il est à propos,
Auprès de ces Soleils que le Soleil séconde,
Je leur donnerai le repos
Qu'ils dérobent à tout le monde.

3. SCUDERY,

L'IM-

L'IMMORTELLE.

MADRIGAL.

FOibles fleurs à qui le Destin
Ne donne jamais qu'un matin,
Reconnoissez votre folie;
Moi seul dois prétendre à couronner Julie;
Digne objet des plus dignes vœux,
Placez-moi dessus vos cheveux.
J'aspire à cet honneur, faites que je l'ob-
　　tienne:
Ainsi puisse le Ciel vous combler de plaisirs
Faire que tout succede à vos justes desirs
Et que votre beauté dure autant que la
　　mienne.

4. Idem.

L'IMMORTELLE BLANCHE.
MADRIGAL.

Donnez - moi vos couleurs, tulipes,
  anemones,

Oeillets, roses, jasmins, donnez-moi vos
  odeurs,

Des contraires saisons, le froid ni les ardeurs

Ne respectent que les couronnes

Que l'on compose de mes fleurs ;

Ne vous vantez donc point d'être aimables,
  ni belles,

On ne peut nommer beau ce qu'efface le
  tems ;

Pour couronner les beautez éternelles,

Et pour rendre leurs yeux contens,

Il ne faut point être mortelles.

Si vous voulez affranchir du trépas

Vos brillants, mais frêles apas,

Souffrez que j'en sois embellie

Et si je leur fais part de mon éternité,

Je les rendrai pareils aux appas de Julie,

Et dignes de parer sa divine beauté.

5. M. C.

❉❉❉❉❉❉❉❉❉❉❉❉ ❉❉❉❉❉❉❉❉❉❉❉❉

LE MELEAGRE.

MADRIGAL,

JE vais finir pour Julie ;

O que mon destin est beau !

La glorieuse folie !

Dieux le superbe tombeau !

Je suis fleur, & fus jadis homme,

Mon sort une autre fois se trouve au même
    point ;

Car un feu secret me consomme,

Qui me brûle, & ne paroît point.

5. Scudery.   S ij

*Noms des Auteurs de la Guirlande,
avec le nombre des Pieces que
chacun y a mises.*

M. Le M. depuis Duc de Montausier, 16
M. d'Andilly,   1
M. d'Andilly, fils,   2
M. C. peut-être *Conrart*,   5
Madame de Scudéry,   5
M. de Malleville,   9
M. Colletet,   3
M. Habert C. de l'Artillerie,   3
M. Habert, Abbé de Cerisy,   2
M. Arnaud de Corbeville,   1
M. des Reaux Tallemant,   1
M. Martin,   2
M. Gombaud,   2
M. Godeau,   1
M. le M. de R.   1
M. de Briote,   3
M. de Montmor-Habert,   1
Anon,   2

TABLE

DES MADRIGAUX

DE LA GUIRLANDE DE JULIE,

Avec les noms de leurs Auteurs.

A

B

Tome II.   T

De l'Imprimerie de CLAUDE ROBUSTEL.
1729.

APPROBATION.

J'AY lû par ordre de Monseigneur le Garde des Sceaux un Manuscrit intitulé : *La Vie de M. le Duc de Montausier, Pair de France, &c.* & j'ai cru qu'on pouvoit en permettre l'impression. A Versailles le 21. Novembre 1728. HARDION.

AUTRE APPROBATION.

J'AY lû par ordre de Monseigneur le Garde des Sceaux un Manuscrit intitulé : *La Vie de M. le Duc de Montausier, Pair de France, &c.* & j'ai cru qu'on pouvoit en permettre l'impression. A Versailles le 21. Novembre 1728. GALLYOT.

dre, faire vendre, debiter ni contrefaire ledit Livre ci-dessus exposé, en tout ni en partie, ni d'en faire aucuns Extraits, sous quelque prétexte que ce soit, d'augmentation, correction, changement de titre, ou autrement; sans la permission expresse & par écrit dudit Exposant, ou de ceux qui auront droit de lui, à peine de confiscation des Exemplaires contrefaits, de quinze cent livres d'amende contre chacun des Contrevenans, dont un tiers à Nous, un tiers à l'Hôtel-Dieu de Paris, l'autre tiers audit Exposant, & de tous dépens, dommages & interêts, à la charge que ces Presentes seront enregistrées tout au long sur le Registre de la Communauté des Libraires & Imprimeurs de Paris, & ce dans trois mois de la date d'icelles; que l'Impression de ce Livre sera faite dans notre Royaume, & non ailleurs; & que l'Impétrant se conformera en tout aux Reglemens de la Librairie, & notamment à celui du dix Avril 1725. & qu'avant que de l'exposer en vente, le Manuscrit ou Imprimé qui aura servi de Copie à l'Impression dudit Livre, sera remis dans le même état où l'Approbation y aura été donnée, ès mains de notre très-cher & féal Chevalier Garde des Sceaux de France, le Sieur Chauvelin; & qu'il en sera ensuite remis deux Exemplaires dans notre Bibliotheque Publique, un dans celle de notre Château du Louvre, & un dans celle de notre très-cher & féal Chevalier Garde des Sceaux de France, le Sieur Chauvelin; le tout à peine de nullité des Presentes; du contenu desquelles vous mandons & enjoignons de faire joüir l'Exposant ou ses ayant cause, pleinement & paisiblement, sans souffrir qu'il leur soit fait aucun trouble ou empêchement. Voulons que la Copie desdites Presentes qui sera imprimée tout au long

au commencement ou à la fin dudit Livre, soit
tenuë pour dûement signifiée, & qu'aux Copies col-
lationnées par l'un de de nos amez & feaux Con-
feillers & Secretaires, foi soit ajoutée comme à
l'Original. Commandons au premier notre Huif-
fier ou Sergent de faire pour l'exécution d'icelles
tous Actes requis & néceffaires, fans demander
autre permiffion, & nonobftant clameur de Haro,
Charte Normande & Lettres à ce contraires. Car
tel eft notre plaifir. Donnë' à Paris le troifiéme jour
du mois de Decembre l'an de grace mil fept cent
vingt-huit, & de notre Regne le quatorziéme. Par
le Roi en fon Confeil. SAINSON.

*Regiftré fur le Regiftre VII. de la Chambre Royale
des Libraires & Imprimeurs de Paris, No 276. fol.
232. conformément aux anciens Reglemens confirmés
par celui du 28. Fevrier 1723. A Paris le 15. Decembre 1728.*

Signé, COIGNARD, Syndic.